Super Free Agent Style»

スーパー フリーエージェント スタイル

21世紀型ビジネスの成功条件

与沢 翼

角川フォレスタ

はじめに

私は22歳で創業、23歳のときアパレルの事業会社を設立。創業から3年半で月の売上げが1億5000万円を超え、従業員数100名、資本金8230万、オフィスは渋谷のマークシティに構え、年間にすると10億円近い売上げを計上する事業を経営していた。丸5年半の経営後、さまざまな事情から会社が倒産し、2011年9月にインターネットビジネスに本格参入。

ネット上で販売代理業を行う「アフィリエイト」というビジネスモデルと、ビジネススキルを伝授する「与沢塾」及び「フリーエージェントクラブ」を3本柱に、ネット業界で無名の自分がいきなりビジネスを仕掛けた形だ。

結果、アフィリエイトでは独自の手法で7万人の顧客リストを集め、9月の収入は3000万円、翌10月には数々のアフィリエイターランキングで歴代報酬総額1位を獲得し7000万に。月収は半年で1億円になり、「与沢塾」の売上げも、2012年4月に合計4億円に到達。その後仕掛けたプロジェクトにおいても毎月のように4億円超の売上げをあげている。

本格参入からわずか半年で合計7億円という、インターネットビジネスで業界最高クラスといっても過言ではない金額を稼ぎ出した。

そして、2012年4月まではたったひとりでアフィリエイトをやっていた私が、半年で得た軍資金を元手にFree Agent Styleという新会社を興す。法人向けWEBコンサルティングやDVD製品の販売、広告販売、テレマーケティング、リアルビジネスへの集客、PR代行などの業務に加え、さらなる投資として協栄ボクシングジムとの業務提携、東京ガールズコレクション傘下の携帯部門であった日本最大級のメルマガ配信システム「ガールズマガジン」「ボーイズマガジン」の買収、婚活サイトの買収、カラーコンタクトや化粧品の通販、新種のアフィリエイトサービスプロバイダ（ASP）事業、投資会社のYozawa Tsubasa Capital Managementの設立。そしてネットワークビジネスにも参入を始めた。

今では150名の社員を抱え、約30事業を経営するまでに会社も成長し、月次の営業利益で3億円を記録し、オフィスも260坪のどでかいワンフロアと30坪の予備オフィスを六本木のど真ん中に構えている（2012年8月時点）。

アフィリエイト業界においても、現状考えられるネットビジネスの収益としては業界最高額を上げ、現在も、どのキャンペーンにおいても上位をいただいている。また、今後始まるネット関連の大型企画も列をなして私を待ち受けている状態だ。

ではなぜ、会社の倒産で人生のどん底を味わい、一時は自殺まで考えた私がこうして復活し、最短で成功を収めることができたのか?

そこにはまず、与沢流成功術というべき確実なノウハウが存在する。そして、お金が集まり続ける人になるには、稼ぐノウハウだけでなく、成功マインドを身につけ自己を変革することが必要だ。

むろん、中卒で暴走族を率いた10代の日々に始まり、過去のすべての経験が現在の私の価値観を形成しており、その経緯は一般的なセオリーと異なるという意味で特殊だ。そして、育った環境も人生経験も、個々の資質も百人百様なのは当然であるが、本当のところ成功を摑《つか》むにはそれらを凌駕《りょうが》して貫かれる共通の真実がある。

私は「20代のお金持ち」や「ネオヒルズ族」として、テレビに出演することもあり、色物的な扱いをされている。しかし、それこそが「戦略」のうちのひとつなのだということは、本書を最後までお読みいただければ、ご理解いただけると思う。

本来の私は、ダニエル・ピンクやウォーレン・バフェット、ナポレオン・ヒルなどクラシカルなビジネス書や自己啓発書から、孫子の兵法や三国志などの中国史までを読みあさり、多くを学びビジネスに活用している。そして、それらを書き上げた彼らを心から尊敬している。だからこそ、人生初めての著作は巷《ちまた》で流行っているような軽いモノにはしたくなかった。

私自身がそうであるように、書籍を購入することは、真剣に勉強したい、変わりたいという強い想いからの行動であると感じ、何十年後も読み継がれるようなモノを創りたかった。また、本という世界では本当の自分を表現したかった。

本書では、日本人全員に、熱く強いメッセージを発信するべく、私が人生をかけて挑む「生涯起業家」としての軌跡と未来、そして成功のための共通スキルとマインドを余すところなく凝縮した。

どうすれば経済的に豊かになれるのか？
真に豊かな、あなた自身が輝く人生とはいったいどういうものなのか？
あなたも本書を通して、私と一緒に考えてみてはいかがだろうか。

目次

第2章 意志の力で変えた人生 63

第3章 栄光と挫折

取材・構成：浜野雪江
装　丁：菊池　祐（ライラック）
カバー写真撮影：水上俊介
本文ＤＴＰ：星島正明

第1章

21世紀型ビジネスの新潮流

レバレッジ～新しい時代の幕開け～

今、世の中は大きく変わった。「最小の労力で最大の効果を得る」ことが容易な時代がやってきた。それが、21世紀に起きた最大の変化だと私は思っている。

20～30代が経営する年商1000億円もあるようなベンチャー企業がなぜ生まれ、20代の億万長者たちがどうして続々と生まれたのか？

もちろんインターネットも大きな柱のひとつだが、それだけが理由ではない。投入と効果の非対称性を生み出した要因はいくつもある。

通信革命、金融の発達、グローバル化。空路をはじめとした移動インフラの整備、知識社会の到来、価値観の多様化、ソーシャルメディアの登場、言論の自由という意味での開かれた社会、さまざまな物品のチープ化、高付加価値思考などが相まってできている。特にIT、ファイナンス、ナレッジの3拍子は、この非対称性時代の創出に大きく付与した。

証券取引所を通じた世界中からの資金集め。上場を通じて整備された内部統制による社外からの信頼。年間利益額の何十倍もの資金を調達できる非対称性レバレッジ。頭のよい人間は、今、レバレッジを使っている。

一の発言が万人に届く。一のセールスが千人の顧客を動かす。一のアクションが万人に及ぶ。これがレバレッジだ。ジャパネットたかたがうまくいくのは、テレビで行う一度のセールスが何十万人に届くからだ。一人ずつ実演セールスをしていたのではいくつ体があっても足りない。同じように、たった一人の個人が発信するブログやメルマガ、ソーシャルメディアが持つ威力は、使い方いかんでは底知れないものがある。

もしも一人の経営者が、極小のパワーで全体が蠢《うごめ》くテコを持ち合わせていれば、富が倍加するのは言うに及ばず、時間すらも有り余る。その時間を使って次のテコを作るもよし、優雅に人間的経験値を高めるもよし。

レバレッジ。今後、成功したいのであれば、このキーワードを深く噛み締め、即、ビジネスに取り組むべきだ。

20世紀型の成功と21世紀型の成功法則の違い

今ビジネスをやっている人あるいは本書の読者であるあなたは、20世紀と21世紀をまたがっている人かもしれない。そしてこれからビジネスを始める人や始めたばかりの人は、21世紀だけを生きている。

2章で詳述するが、私は祖父母の旅館経営や、中学時代に手がけた洋服やバイク、車の転売などで20世紀型ビジネスを長く見てきた。歳はまだ29歳だが、20世紀型ビジネスと21世紀型ビジネスを合わせて20年近く経験している。その中で、20世紀型の成功条件と21世紀型の成功法則は大きく異なることを理解した。

私の考える20世紀型ビジネスの成功条件は、次の4つだ。

① 的確な設備投資能力
② 計数管理能力
③ 人脈政治力
④ 人的労働力

①は投資能力（主に資金調達能力及び投資効果の判断能力）、簡単に言えば、いかに多くの金を集め儲かるところに投資できるかということだ。かつての社会では、いかに自社の魅力をアピールして多くの資金を借入や増資、社債の形で集め、それをどこに投資すべきなのかを見極める力が事業家に求められる第一条件だったのである。

②は財務に明るく、自社が保有する資産、純資産、負債、資本効率、在庫評価、利益率等を適時的確に把握する能力だ。大量在庫を抱える大量資本時代において、それらがつかめないで放漫経営することはすなわち企業の死に直結した。

③はサラリーマンの出世が象徴するように、いかに強者に可愛がってもらえるかということ。取引にあっても、強者が味方につけば自社の繁栄がある程度、約束されたので、接待や季節ごとの贈り物、おべっかなどを使って、長いものに巻かれることは非常に重要な能力であった。

④はサービスをきめ細やかにするのも、セールスを多くするのも、商品を一つでも多く作るのも、すべて人的労働力に頼ってきたため、経営資源の重要性としては第1位にくるものだった。その証拠に多くの企業では、仕入れを除いて、人件費は販売管理費の第1位にきている。

ところが21世紀においては、これらは8割の成果を生み出す2割の要因ではなくなった。

まず①の投資能力だが、現状の社会においては消費者ニーズの変化及び多様化によって儲かる投資対象が不明瞭となったため、回収までに消費者の求めるものが変わったり、複雑なニーズに応えきれなくなって、金さえ集められれば、あとはどこかに投資して成功できるなどという幻想は露となって消えた。ゆえに投資能力は極めて後位に後退した。

たとえば、流行りの飲食業態で店舗を開設し、5年かけて初期投資を回収しようとしても、回収までに流行のコンセプトは変化し、以後その店舗の利益性には期待が持てなくなることも多い。ゆえに、郊外ロードサイドの居抜き店舗物件を改装した、低い初期投資で連続出店するようなチェーン店が成功するわけだ。初期投資は、今やビジネスの害悪である。

次に②の計数管理能力は、日本に山ほどある経常利益率数%ほどの大会社でこそ求められる能力だ。21世紀は、富める企業とそうでない企業との間に経常利益率にして数十%もの差異があり、続々頭角を現している経常利益率30%超のキャッシュリッチな会社は、赤字の心配もなければ資金繰りも必要ない。実際のところ放っておいても儲かるため、そもそも高度の計数管理能力など不要になってきている。つまり、利益はすべての傷を癒してしまうということ。

そして③の人脈政治力。これも、国民が皆同じテレビコマーシャルを見て同じ商品を欲しがっていた時代は、複数の企業が連合して同じ商品を皆で作って安価に提供する、20世紀企業型ヒエラルキーがあった。すると、発注側と受注側で力関係が変わるため、ごますりの人脈的な政治力が重要となっていた。

しかし今は、国民皆が同じものを欲しがっているわけではない。雑誌は多岐にわたり、ネットのコンシューマメディアも強大なパワーを持っている。ゆえに顧客が欲しいものは人それぞれだ。強いものに巻かれる必要はもうないし、家電製品などは大手メーカーに任せておけばいい。我々は、まだ満たされていないニーズを自分たちで満たしにいく。

④の人的労働力も、旧来は目の前の従業員の働きがすべてだったが、今は違う。コンシューマ自体が販売に協力する時代であり、世界中にいるいまだ会ったことのない労働力を外部で確保できる。たとえば、世界中で10億人の利用ユーザーがいるフェイスブックは、10億人のサービス販促者を雇用していると見ることもできるのだ。それも無給で。

今後、企業のパワーを見るときは、背後でどれだけの人が動いているかを、コンシューマも含めて見ていかなければならない。社員数1000名だからえらい、儲かっていると考えるのは早計である。

一般的に、会社の利益はいくらあるとすごいのかというと、経常利益で1億円だ。経常利益で1億を出せる会社は、管理体制を整えビジョンを固めれば日本の証券市場に上場しうる。しからば年に1億残すことを富の単位とした場合、20世紀型のビジネス成功条件に従っていては、これの達成は非常に難しいことなのだ。だから上場できるラインともなっている。

では、21世紀型ビジネスの成功条件は何か？

① 国民扇動力（国民の力をどれだけ借りられるか）

② 在庫不保持

③　社内労働力の極小化
④　経営者と社員が自由であること
⑤　ビジネスの仕組み的にレバレッジが効いていること

順に説明していこう。

①　国民扇動力

最も重要な力学である。今伸びている会社の条件を一つ述べよと言われれば、私は真っ先に、こう言う。「ユーザーもしくは顧客を自分のビジネスやサービスに利用している会社である」と。たとえば、焼肉屋の牛角が、自分のお店の悪口を言ってくれた顧客に飲食代の割引をしていたことは有名な話である。またGREEをあそこまで広めたのは、ユーザーが他のユーザーを連れてきたからだ。そして、私が昨今着眼しているネットワークビジネスは、顧客が顧客を連れてくるサービスで繁盛している。また個人レベルで見ても読者を上手く集客に協力させているブロガーはパワーブロガーなのだ。

② 在庫不保持

在庫は罪庫。私が前職で失敗したポイントを3つ述べよと言われれば、一つが仕入れ。もう一つが人選。そして最後が内部管理体制だ。この中で最も失敗につながったのは、仕入れ、つまり在庫である。売上げがよくても仕入れが多すぎれば、そこで終わる。

たとえば、月に1億円の売上げがあったとしよう。原価が6割の商品を売っていれば、粗利は4割だ。経費が3000万かかっていたとすると、一見すると1000万の利益が出ている。確かに損益計算書上は、1000万の利益に違いない。しかしどうであろうか、仮にこの会社がこの月に8000万の仕入れを行っていれば、経費と合わせて1億1000万円出ていく。つまり1000万の不足である。仮に1000万の利益が月次決算で出ていても、会社の金庫からは1000万のお金がなくなっている。なんと哀れなことか、お金儲けをしようとして月に1億も売っているのに、実際には、お金を奪われているのである。そして、在庫を持っている会社でこのような事態が起きることは往々にしてある。むしろほとんどの会社がこのような状態になっている。実際には、需要予測は神様にしかできないからである。

重要なことなのでもう一つ例をあげよう。

たとえば、あなたの好きな1個1万円の値段の商品を売りたいと思って5000円で100個仕入れたとしよう。ネット広告を10万円で出して50個売れたとする。すると売上げは50万円になる。そこから仕入れ代金50万と広告費10万を引いてみよう。あなたの財布から見事に10万円が消える。それも苦労して仕入れを起こして、広告を作成し、ホームページを使って50個も出荷をしたのに、マイナス10万である。残りの在庫を売ればいいと思うであろうが、世の中そう甘くはない。商品には旬があり、賞味期限があるからだ。売れ残った在庫の価値は刻刻と減損していく。これなら、外でバイトしていたほうがよかった。これは笑えない事態であるが、今もこのような惨事が全国で限りなく起こっている。

もしも在庫がない商品を売ったらどうであろうか?

たとえば、アーティストの音楽をダウンロード形式で売る場合、1000個売れようと、100個しか売れまいと、在庫は一つも残らない。なぜならそもそも在庫という概念がないからだ。これなら売れば売るだけ利益が手元に残る。あなたの財布からお金が仕入れによってなくなることなど皆無だ。

在庫を持つということは、あなたは、キャッシュフロー計算書と貸借対照表を深く見られるようにならなければいけないということだ。それから在庫の評価減の方法を固め、売れ筋の見極めもするという非常に難しい問題を抱えることになる。だから、在庫は、持ってはならない。もしも在庫を持つなら後で述べるように、受発注か委託、消化仕入れ方式を採用しなければいけない。

③　社内労働力の極小化

2010年1月、JALが倒産し、再建のため1万人以上をクビにした。これは何を意味するか。

簡単に言えば、それぐらい無駄な人を雇用していたということだ。それゆえ、同社はその後2000億を超える黒字になっている。社内の労働力を考えうる最小にすることは、もはや21世紀を勝ち抜く常識である。必要だと思っていた人材が実はいなくなっても全く事業の品質に影響を与えないこともある。さらに言えば、少ない人数でやるほど、サービスのレベルが上がることさえあるのだ。人が少なければアイデアが出るし、自分の仕事も増える。だからこそ効率化の萌芽を見ることができる。

これからはアウトソースを巧みに操れる会社が利益を残し、社内で膨大な人件費を抱える会社は潰れていく。人件費は変動費化しなければならない。

④　経営者と社員が自由であること

経営者と社員の自由とは何か？

これまでの社員は、機械の一部のように扱われてきた。やるべきことをやれば帰れる。だから機械のように処理する。こんなことで進化があろうか？　絶対にない。

事業とは、社員全員が日々進化させていくものだ。そのためには、社員と経営者に裁量権がなければいけない。自分で考え、自分で決めていく。これが事業に生命を宿す。経営者には経営者の、社員には社員の仕事がある。基本的な価値観を共有できていれば、後はすべて自由。これまでのように法やルールに従うのではなく、信頼をベースとして相互が全力で業務を進化させていく。だから、信頼とそれに応える誠意が最も重要であり、今後伸びる会社の条件は社員の自由と自立である。副業を禁止する会社の趣旨が私にはわからない。

社員が豊かになることがなぜいけないのか？

副業以上に魅力的な事業を提案するのが会社であると思う。

⑤ ビジネスの仕組み的にレバレッジが効いていること

レバレッジが見えている人が非常に少ない。レバレッジとは利益の根拠である。

たとえば、各自500万の年俸を取る社員が二人で一緒に会社を始めて会社の売上げが1000万では、話にならない。二人で始めて年商3000万になるから、二人でやる意義がある。この2000万がレバレッジ。つまり利益の源泉である。

レバレッジとは、自分の力が5しかないのに50の重りを上げられる力を指している。5の力で5の結果を出すことは全く褒められたものではない。なぜなら全く当然のことだからである。

私は今30分で書いた1通のメールで20万の人にセールスができる。リアルの営業会社では、1人が30分で20万人にセールスをするなど夢の世界のことであろう。

この夢のような世界がレバレッジの世界だ。

一般ブロガーや情報発信者を含め、普通の国民、つまりお客様を自社のビジネスモデルに協同させ、アイデアで労働力の不足を補う。そして、細胞がものすごい速度で融合・分離するかのような柔軟なスタイルの中で提携・解消を繰り返し、日本中の才知を取り入れながら自社のコア技術を高める。

そうすることで、有り余る外部労働力が確保でき、有り余る利益が生まれる。

個人が輝くことが日本再生のカギ

「21世紀は知識産業になる。これからわしが生まれ変わったら、知識産業をやる」

これは、日本マクドナルドの創業者・藤田田《でん》さんが、亡くなる直前に言った有名な言葉だ。

ダニエル・ピンクも、『ハイ・コンセプト「新しいこと」を考え出す人の時代』(三笠書房)の中で、**21世紀はクリエイティブビジネスが社会の主流となり、クリエイターの時代になる**と述べている。

20世紀型の社会は、ヒエラルキー型企業や官僚制に代表されるように、すべてが論理や法制度で管理されてきた。しかしこれから伸びるのは、芸術的で感情面に訴える美を生み出す能力や、一見バラバラな概念を組み合わせて新しい構想を生み出す柔軟な頭脳を持つ、直観に訴えかけられる人や企業だ。21世紀は完全に知識産業の時代だ。

ピンクは著書の中で、ハイ・コンセプト力を身につけるために次の6つを大切にせよと述べている。

・機能だけでなくデザイン
・議論よりは物語
・個別よりも全体のシンフォニー
・論理ではなく共感
・まじめだけではなく遊び心
・モノよりも生きがい

サントリーが２００４年に発売し、大ヒットしたペットボトル飲料「伊右衛門」の成功の秘訣もそこにある。

茶葉の調達及び共同開発を江戸時代から続く京都の老舗茶舗・福寿園に託し、ネーミングも福寿園の創業者「伊右衛門」にするなどステータスにこだわった。デザインは真ん中がくびれたスマートな竹筒型を採用。そして発売前から、ハイブランドな宮沢りえと本木雅弘を起用したドラマ仕立てのテレビＣＭを流し、世間に認知させる戦略をとった。

キャンペーンやイベントも荘厳《そうごん》で清らかなイメージを大切に展開され、結果「伊右衛門」は、3月の発売と同時に予想の2倍も売れ、一時出荷できない状態になった。まさに右脳を使ったマーケティングの勝利だ。

今の日本で一番重要なのは、国民一人ひとりがパワーを持ち輝くことだ。国民の時代を到来させることが、日本再生の鍵といえる。国民一人ひとりが輝くというのは、情報理解力を持って未来を見定め、経済的に自由になって、自分自身が影響力を持つということ。年金や諸手当などの社会保障制度に漫然と頼るのではなく、自ら稼いでいれば経済的に国に依存しなくて済む。

ではどうやって、国民一人ひとりがパワーを持っていけばよいのか。個人が持てる最大の武器は、知識と情報とアイデアだ。社会が固定給型から成果給型にどんどん変わる中で、一人ひとりが裁量権を持ち自由になるためには、パーソナルブランディングや情報発信力が必要になってくる。

アイデアと自分の名前をジョイントさせ、他のフリーエージェントとアメーバのようにくっついては分裂する動きを繰り返してそれぞれが成長していく、柔軟で無数の形を取りうる知識産業。その代名詞が、次項で述べるフリーエージェントだ。

フリーエージェントとは何か？

会社などの組織に属さず、個人が単独でビジネスを展開するローリスク・ハイリターンの手法。それがフリーエージェントビジネスだ。その使い手であるフリーエージェントとは、自分の裁量で自由に仕事をこなしながら、社会に価値を提供して大きな収入を得ている人たちを指す。

たとえば、セミナー講師。講師のみを専業にしている人の中には、自分が設定した日時にお客さんを集め、月に1回のセミナーを開催し、年収500万〜最大では4億円もの金額を稼ぐ人もいる。

労力のわりに高い収入が得られる理由は、以前はもっとも難しかった集客が、フェイスブック、グーグルプラス、LinkedInなどのソーシャルメディアやブログ、メルマガなどを通じて比較的容易にできるようになり、集客コストがかからないのがひとつ。そして今の日本には、YouTube動画や電子出版、TSUTAYAのビジネスカレッジ（DVD）などで講師自体のブランドが育つ基盤ができていることが大きい。

アフィリエイトの使い手である僕らは「アフィリエイター」といって、インターネットのシステムを使って多くの人を集め、メールマガジン1通で自分が売りたい商品を大量に販売したり、検索エンジンを使って自分のサイトを検索エンジンの上位にあげることで多くの人を呼び、アパレルや化粧品、情報コンテンツなどのさまざまな商品を紹介して成功報酬を得ている。

ほかにも、サラリーマンの傍らコンサルティング業やネットショップ、不動産投資やネットワークビジネスをやっている人たちも、それを本業にすればフリーエージェントになるわけだ。

そんなふうにビジネスモデルはいろいろだが、私が思う、フリーエージェントに共通する重要な定義が3つある。まずは、組織に縛られていないこと。次に、好きな仕事だけをやっていること。そして3つ目は、学ぶことに意欲的であることだ。

ただし、自由にビジネスをしていくら学ぶことが好きであっても、貧乏だったらしょうがないわけで、そのビジネスによってお金をたくさん稼げることがこれから説明するスーパーフリーエージェントと私が呼んでいるものである。

スーパーフリーエージェントとは何か？

前述したようにフリーエージェントは、日々を学びの環境に置きながら組織に縛られずに好きな仕事だけを選んで生きている。このフリーエージェントに経済的成功が加わったものを「スーパーフリーエージェント」と呼ぶ。このスーパーフリーエージェントになるためには、以下の６つの条件を備える必要がある。

①　24時間３６５日稼働する仕事を持っている

自分の労働時間＝収入になると、富は極めて限られてしまうのだ。

②　無限供給（決められた個数の販売ではなく、すべてのニーズに無限に応える）

売れ筋が見つかっても決められた数しか提供できなければ、利益は最大化しない。

③　**無限商圏（渋谷、六本木など地域に制限されず、日本全体、全世界を商圏とする）**

旧来の店舗ビジネスでは、もはや商圏が狭すぎて利益にはならない。日本全体を顧客と捉える必要がある。

④　**在庫マッチ（在庫を持たない。ニーズの量に合わせて最適供給できる）**

いくら売れても仕入れすぎれば、お金はなくなる。ニーズの数だけ販売し、在庫が残らないコンテンツ販売などがよい。在庫を持つ場合は、原価率10％以下の製品にするか、委託販売（消化仕入れ、つまりまずは預かって売れ残りは後日返品できる契約）もしくは受発注（注文が来てから仕入れを行う）方式がよいであろう。

⑤　**システムとネットワークを駆使することで、個人のパワーにレバレッジをかける**

フリーエージェントは個人もしくは小規模の会社で活動するが、他のフリーエージェントとの連携を図ったり、ＷＥＢシステムを使うことで、大規模な仕事も大企業並みに捌《さば》いていくことも可能だ。

⑥　**粗利が高い商品を作ること**

原価率が高いと利益が残りにくいことは言うに及ばず、問題は仕入れ額の負担のほうにある。たとえば世の中には原価率7割なんて商品は山ほどあるが、こんな商品を仕入れていては、ほとんどの場合がメーカーを儲からせているだけで、小売側は過大な売れ残りリスクを背負うことになる。これが原価率1割〜2割の商品であれば、仮に売れ残っても財務上はほとんど気にならず無視できるレベルなのである。したがって、粗利は8割以上取れるものであることが望ましい。そうすれば莫大な利益も残る。

以上にあげた6つの条件を満たすのは、アフィリエイト、広告代理業、e-ラーニング、DVD販売、アプリ開発、オンラインセミナー、WEB上コンサルティング、ネットワークビジネス、ECビジネス、インターネットメディア事業、不動産投資、デイトレーディングなどである。これらはスーパーフリーエージェントビジネスだ。そして、私が世界初のビジネスとして提唱したのが、ECとアフィリエイトとマルチレベルマーケティングを融合させたフリーエージェントビジネスである。あなたを成功させる最も手っ取り早いビジネスだ。詳細は、http://free-agent-style.asia/ にアクセスして確認してほしい。このビジネスモデルは特許も申請している。

スーパーフリーエージェントの6大条件については後に詳しく説明する。

私がフリーエージェントに着眼したワケ

23歳でアパレルの事業会社を興した私は、最初の3年間は1日も休まずに働きづめに働いた。にもかかわらず、一度上がった年収は2400万円からその後、増えることはなかった。

連帯保証の負債額は1億5000万円になり、株主である日本を代表する投資会社（ベンチャーキャピタル）2社からは、出資を受けた代わりに、

「社長の給料を下げろ」

「貯金を作っておいて、会社が窮地に陥ったらそれを出せ」

「親や親戚から早めに2000万ほど借りてこい」

などと、ことあるごとに指示され、株主の顔色を窺《うかが》う状態が続いた。

倒産間近の頃にいたっては、投資会社に深夜呼び出されて長時間社内に拘束され、先方の取締役から「責任を取ってお金を返すか、死んでお詫びするか、死ぬ気で頑張るかいずれかしかない」と諭された。出資を受けた社長として当然のことであり、私が全面的に悪いわけだが、出資には返済義務はない。法的には無関係の親の実家に行って株を買い戻してもらえ、と言わ

れたときは、これが出資を受けるということか、とその重みを肌で痛感した。

仕事はものすごく頑張っていたけれど、忙しさが極まり精神的にも疲れ果て、会社設立時に抱いていた夢も見失って、経営に対して無力感を感じていた。


そんなとき、『フリーエージェント社会の到来──「雇われない生き方」は何を変えるか』(ダニエル・ピンク／ダイヤモンド社)という本を手にした。

フリーエージェントという言葉を初めて目にし、「何だろう？ これ」と思って読み進めると、2002年に書かれたこの本には、個人事業主やフリーランス、ミニ起業家など、組織に属さず自分の力でビジネスをしている「フリーエージェント」と呼ばれる人たちが、アメリカには既に3300万人いると明言されている(ただしピンクは、「フリーランス、起業家」に加えて「臨時社員」もフリーエージェントに含めている)。

そして彼らが「非常に充実した幸せな生活」を送り、21世紀は個人が脚光を浴びる時代になると論じられていた。

それを読んだとき、私はフリーエージェントというものに初めて関心を持った。

彼らの一番の特徴は、会社の看板をメインに勝負をかけるのではなく、自分の名前で勝負していること。それには「個人」を「ブランディング」する必要があることも理解した。

そこから調べていく中で、ある有名なアフィリエイターの著書に出会い、自分も個人ビジネスを立ち上げるべく動き出した。まずは、日々の激務の合間に、それまで適当にやっていた個人の社長ブログを再開。

目標は、読者数が3500人ぐらいいて、1日のPV（閲覧回数）が7万前後に達する、芸能人ブログにひけをとらないぐらいのメディア。ブログ開設から間もなくその目標をクリアし、自分なりのやり方でフリーエージェントへの道を探り始めた。私はフリーエージェントビジネスのすべてをブログから教わったのだ。

スーパーフリーエージェントの6大条件

意気揚揚と立ち上げた事業が壁にぶつかり、自由になりたくて始めたはずのビジネスにがんじがらめにされて初めて、私は「上場してパブリックなカンパニーになること」が自分の本当の目標ではないのではないかと思い始めた。

利益率が高く、極めて効率のよいフリーエージェントビジネスは、投下資本に比例して事業が拡大する従来型のビジネスとは異なり、アイデアの投入によって既存中堅企業を一瞬で抜き去る多額の利益を残すことができる。

それを元手にさらに大きな事業ができるとなると、フリーエージェントビジネスはいったいどこまで発展するのか。おそらく年商100億〜1000億ぐらいはいくのではないだろうか。


個人事業主やフリーランサー、ミニ起業家が一般的なフリーエージェントだとすると、その数十段階、数百段階上に位置し、桁違いの収入を得ている層をスーパーフリーエージェントと呼ぶことができる。今では私も月に1億以上を稼ぐスーパーフリーエージェントである。

先ほど簡単に触れたスーパーフリーエージェントの6大条件を再度詳しく説明しよう。

①「24時間365日、営業を行えること」

これは自動販売機やネットショップが最たる例で、アフィリエイトもそうだ。

現代人は生活リズムがさまざまで、万人が朝起きて夜眠る生活を送っているわけではない。コンビニエンスストアができて成長したのを見てもわかるとおり、顧客のニーズに合わせて営業可能時間を最大化し、他の事業者が休んでいる間に利益をとることは必須だ。

ただし、単に店舗の営業時間を延ばして人件費が嵩《かさ》むとコスト増を招くだけなので、いかにコストを変えずに行えるかが重要だ。そのためネットショップなどは最高である。

②「欠品のない商品を扱う」

世の中の商品は、売れ筋と死に筋に分かれる。人気のある商品は引く手数多《あまた》であり、すぐに完売してしまうものである。再発注、再製造をするにしても納品まではリードタイムがかかってしまう。このような状態ではお客様のニーズに応えることはできない。希少性を出したいとき以外は、欠品は害悪でしかないのだ。そこでどんなに売れようとも欠品しない売れ筋を用意することが重要である。たとえば、GREEが提供しているゲームには欠品という概念がない。ゲームをしたい人が1万人いても100万人いてもみんなにゲームを提供できる。つまり、電子コンテンツは典型的な欠品のない商品といえる。

③「日本全国を商圏とできること」

そもそも人口の少ない日本で、価値観が多様化する中、地域の人間だけを相手に大きく儲けるのは困難だ。となると、通販やeｰラーニング（動画配信教育システム）のように、中央で作った製品をパソコンやコンピュータネットワークを利用して全国に飛ばしたり、ひとつの営業アクションが日本中に行き渡るシステムを持つことが非常に重要になってくる。

大手予備校はサテライト講座といって、衛星回線を利用した衛星放送で東京で行う人気講師の授業を全国に飛ばしているし、ネットビジネスやアフィリエイトも同様に一つの場所から全国へアプローチを行えるのだ。

④「在庫を持たない」

私がアパレル会社の経営当時、本当に苦しんだのが在庫にかかるリスクだ。

在庫がなければ商売はできないが、実は在庫というのは、設備投資を超える莫大な投資であり、いかに在庫を自社のリスクとして持たないかが経営状態を左右する。

他社にある在庫を代理販売するアフィリエイトが利益を伸ばす理由もここにある。売れれば報酬がもらえて、売れなくても誰にも怒られないが、これがリアルビジネスとなると売れない場合には企業の死を意味する。

在庫を排除する方法は、大きくわけて3つある。1つはDELLのようなビルド・トゥー・オーダー（受注生産方式）。2つ目は、アパレルでもやっている、受注を受けてからまとめて発注する受発注方式。そして、百貨店や書店のような消化仕入れ方式（委託）だ。

このいずれかの形態をとれないなら、在庫は不保持であるべきか、どうしても在庫を持つというのなら、たとえばDVD販売など、原価率10％以下の商品を在庫とすべきだ。こうすることで、粗利が高いので在庫の売れ残りは事実上ほとんど気にならなくなる。

⑤ レバレッジ

フリーエージェントは、基本的に少数の人数で活動するため、限定された人的労働量でありながらもテコの原理を応用していかに爆発的な収益を上げるかが鍵となる。そこで、自分の分身となるメール配信システムやブログ、ブランディングページ、フェイスブック、YouTubeなど24時間365日、日本全国を相手にできるWEBツールを使って、あたかも数十人、数百人で活動しているかのようなパワーを持つ必要があるのだ。

基本的にはこの5つが大事だが、収益をもっと伸ばしたいなら、粗利（売上げ総利益）の低いビジネスを選んではいけない。

⑥「粗利の高さを重要視する」

粗利は、売上げから原価を差し引いた利益のことで、たとえば商品が洋服なら、小売店はメーカーから6割で仕入れるので、1億売ると4000万円が小売店の粗利益になる。それは、取引先に対する貢献として悪くはないが、1億円分の商品を死ぬ気でエンドユーザーに売るのは小売店だ。

1億を売った瞬間から6000万円はメーカーのものになるという構造では、利益を出して莫大な富を築くのにはかなりの時間がかかる。つまり、新規参入を考える人間（＝フリーエージェント）が選ぶべきものではもうないわけだ。

粗利は8割は取らなければならない。つまり原価の5倍で売れるような付加価値付けが必要となってくる。情報業界やコンテンツ業界、ソフトウェア業界、仲介業、コンサルティング業などは高粗利ビジネスの典型である。実体のない価値あるものを扱うのが高粗利を実現するポイントである。

以上のことからわかるように、個人が最初に手がけるには、リアルビジネスは向かない。そしてこれらの条件を兼ね備えたビジネスで成功している人たちがスーパーフリーエージェントであると同時に、この6大ポイントが21世紀に伸びるビジネスの条件だといえる。

ブランド化された個人＝第5のクワドラント

私は18歳のとき、当時、世の中を席巻した『金持ち父さん貧乏父さん』（ロバート・キヨサキ／筑摩書房）を読んで、将来事業を興すことを意識した。

同シリーズの『金持ち父さんのキャッシュフロー・クワドラント』でキヨサキは、社会には

4つのクワドラント（職業）があり、それぞれのクワドラントによって価値観が違うことを説明している。

4つのクワドラントは、従業員（employee）、自営業者（self-employed）、ビジネスオーナー（business owner）、投資家（investor）に分けられ、お金持ちになるためには、ビジネスオーナーか投資家（インベスター）にならなければいけないと述べている。

それは確かにそうなのだが、そう言いきってしまうと、サラリーマンや自営業者は、はなからお金持ちになる夢を持てず、第一、世界一の投資家ウォーレン・バフェットみたいな天才がポコポコ生まれるわけがない。


今、私の周囲を見渡すと、もともと無名だったり、バックグラウンドは極めて標準的な人たちが、パーソナルブランディングをうまく成功させてお金持ちになっている。私自身も同様で、自分をブランディングし、ブランド化された個人になることが、第5のクワドラントであるお金持ちになることを肌身で感じている。

ブランド資産というのは無形で、企業の財務状況を示す貸借対照表には載らないが、ブランド資産を換金化すれば無限の富を作ることができる。

たとえば、社会や特定分野で注目と信頼を集める「ブランドが立った人」が何かを発言すると、よほど非常識な内容でない限り、その人の主張は正しいものとして受け入れられる。「何を言うか」より「誰が言うか」が重要なのだ。

私の例で言えば、2012年6月、ネットワークビジネスへの参入に際し、一緒にビジネスをしてくれる方々を募る無料セミナー開催を数千人の塾生に告知したところ、瞬く間に1000人が集まった。

人材育成に関しても、これまで企業の人材採用コストは1人100万円程度かかると言われていたが、新会社設立当初に私が集めた社員30名は、ソーシャルメディア上で全国から応募のあった4000人の中からずば抜けて優秀な人間を厳選し、大手企業などから引き抜いて採用した。

ほかにも、私に22万人のメルマガ読者がいるということは、たとえば今すぐ500万円の資金が必要なとき、何らかのよい商品を見つけるか作り出してポンと提供すれば、わずか1日で500万円の収益が得られるということでもある。実際に6月末に思いつきのメルマガ1通で15万円のセミナーを33人に売って495万円の売上げを上げている。

このように、ブランディングされた人間がやると、新規の顧客や取引先開拓、人材採用など、ビジネスに必要なほぼすべての要素を極めて有利に手にすることができ、案件が次から次へと舞い込んでくる。これが、無形資産の価値が尋常でなく高いところだ。

そしてこれは、普通に考えればとんでもないことだ。上場企業でさえも年に1億円利益を出していれば東証マザーズに上場でき、実際、マザーズの上場会社の利益額を見てみると、感覚的ではあるものの平均としては年間数億円レベルだ。しかしそれを僕らフリーエージェントがやると、1年間に10億円の利益をたった1人で生み出すこともできる。

つまり、時代は完全に変わっているわけだ。

自分の名前を売る

フリーエージェント社会においては、自分の名前を売ることが何より大事だ。スーパーフリーエージェントを志すすべての人は、パーソナルブランディングの戦略をよく考え、自分の名前を売ることに意識を傾けなければいけない。

私がその重要性に気付いたのは、経営していたアパレル会社が潰れることを直感した瞬間のことだ。

創業期から合わせて6年近くやってきた会社が潰れるまでのカウントダウンの間、ただ流れに身を任せていたら自分はどうなるか。倒産後は負債を返済するために全財産を拠出し、手元には一銭も残らない。信用を失い、人は離れ、身ぐるみはがされたとき、残るものは何もない。

でももし、「与沢翼」という名前を売っていたらどうだろう？　会社は合併や買収、分離や倒産があり、消滅することもある程度想定の範囲内とされているが、自分の個人名は死ぬ瞬間まで消えない。それが極悪犯罪などを犯して悪名になる場合を例外として除いても、自然人は死ぬまで名称を失わないということに私は気付いた。

人間が会社を作った本来の理由は、自分の人生をよりよくするためなのに、会社の窮地という実体のない犠牲に食われる経営者は多い。もちろんハイリスク・ハイリターンの全責任を負う必要はあるにしても、そもそも、失敗のない人間などいない。その一事の失敗でもって人生を閉ざさなければいけないというのであれば、誰も起業などしなくなってしまう。

本当は自分が幸せになるためにビジネスをやるわけだから、自分の名前を本気で売っておけば、「幸せになりたいと思い続ける意志」と「自分の個人名」だけは死ぬ瞬間まで共存させることができる。

ならば会社が潰れるまでに、自分の名前を売って売って売りまくろう。

そう思った私は、スーパーフリーエージェントビジネスの6つの条件を満たしたブログビジネスに照準を定め、極限まで稼ぐことにした。

まず最初にやったことは、「ビジネス部門で日本一のパワーブロガーになる」という決意だ。自分のブログのタイトルに「起業の帝王」という名前を付けて自分のブランディングも始めた。その名称をあまりカッコいいとは思わなかったが、それもいとわないほどその一点に集中する必要があった。

結果、ブログの1日のPV（閲覧回数）は7万に達し、会社は2011年8月22日をもって潰れたが、私の名前は広く知れ渡ることになった。その甲斐あって、人物バラエティ番組「ありえへん∞世界」（テレビ東京）でゴールデンタイムに20分にも渡り、与沢翼という人間が日本中に放映された。そのほかにも日テレの「バカなフリして聞いてみた」に30分出演したり、「BAzooKA!!!」（BSスカパー）、「有吉ジャポン」（TBS系）、「ガチガセ」（日テレ）に出演。現在も「サンデー・ジャポン」（TBS）、「スピード査定バラエティー・カラクリマネー」（日テレ）、「おノロケ」（フジテレビ）、「秋のセレブ特集」など多くのオファーが殺到している。すべてはブログから始まったのである。

この私自身の例を見ても、いかに第5のクワドラントが重要かがわかる。

注目を浴び続けるテクニック

私のブランディングの信条は、自分を支持してくれるお客さんや読者を「絶対に飽きさせない」ことだ。

パーソナルブランディングのブランディングとは、簡単に言うと注目を集めることだ。注目は、リスペクトと興味の二つに大別され、その両方を得て注目され続けるのが「ブランド」だ。一瞬華々しく脚光を浴びても、すぐに消えてしまってはブランドとはいえない。一瞬目立つことを目指すのではなく、注目を浴び「続ける」にはどうしたらいいかを考えなければならない。

フリーエージェント界にも口コミがあり、「起業するならこの人の話を聞いたほうがいい」などの情報はいくつも流れるが、口コミが浸透するまでには長いタイムラグがあり、その間、注目を浴び続けなければ口コミ効果を丸ごと享受する前に終わってしまう。

そうならないために、私はフリーエージェント社会においては、「3か月に1回自分を変える」ことを勧めている。信じている価値観や信念、住んでいる場所、趣味、手がけているビジネス、キャラクター設定など、なんでもいい。3か月というのは今の世の中が変わる一つの周期である。もはや1年、3年などと言っていては化石状態に等しい。

だからこそ、フェイスブック、アメブロ、ツイッター、メルマガ、YouTubeの5大神器を通じて変わり続ける自分を発信し、ひたすら情報を公開していく。それによって、飽きられることなく新規のファンを増やし続けていけるのである。

そしてもう一つ重要なのが、メッセージ性だ。たとえば美しい女性が自分の美貌だけを頼りにしていても、それはあくまでプラスαの要素であってブランドの核にはならない。可愛いだけのタレントがブレイクしないのはそこに理由がある。

私の場合は、2011年8月22日に会社が潰れたとき、フリーエージェント社会の到来を世の中に自分の力で、できる限りばら撒いた。それに対して多くの人が共感し、自分もそうなりたいと思ってくれたからこそ、私は大勢のお客さんと読者を一瞬でつかむことができた。

パーソナルブランディングを意識したあなたに目指してほしいのは、ソーシャルメディアの中で自分のメッセージを発信し、あなた自身が確たるメッセージを持つブランドになることだ。ブランドが伸びれば伸びるほど収入は正比例し、自分という減らない資産を多角的に切り売りして換金化できるようになる。

具体的にはブログを作って、感銘を受けた本についてのメッセージを自分なりの言葉で発信するのもいいだろう。アメブロの読者やPVを増やすにはテクニカルな仕掛けも必要だが、それ以前にメッセージが弱かったり、とらえ方が微妙で何の提言もしていないコンテンツは、読んでいてつまらないので伸びない。そしてもちろん継続できなければ、単発で何を書いても読者はついてこない。

ブランド形成の基本は、発信、継続、バリエーション（変化）だ。まずは何かに共感して、そのことを発信したら継続し、戦略的に変化させていこう。本気でやりたい方は、私のホームページやブログから体系的に整理された有料・無料のそれぞれのコンテンツを適宜利用してほしいと思う。紙面には書ききれないほどの膨大なノウハウが私にはある。

ブログ　→　http://yozawa-tsubasa.info/

ホームページ　→　http://yozawa-tsubasa.com/

共感できない人は伝道者になれない

フリーエージェント社会で成功を収めるためになくてはならないもの。それは「共感力」だ。各分野の先駆者や専門家の話を聞いて「すごい」と感動できなかったり、隣の誰かの心温まるエピソードやわくわくできる未来ビジョンに共感できない人は、伝道者になることができない。

共感力が高い人ほど、多くの人の心を動かすことができる。

私自身、共感力はとても高いほうだと思っている。

アップル社の創業者スティーブ・ジョブズのスタンフォード大学での有名なスピーチ「点と点とが線になり、線と線とが面になる」を聴いたときも、『フリーエージェント社会の到来』を読み「これは自分が日本に広めなければ」と使命感に燃えたときも、雷に打たれたような思いで即、行動を起こした。

私はビジネスにおいても自分が「すごい」と思ったものを伝えてそのプロセスでお金を稼いでいるようなもので、その表現に力を注ぐことは、もはや習慣化されている。

共感力は「確信力」と言い変えることもできる。

何かを見たときに、そのすごさを感じ確信できるということは人間が動くパワーを導き出す。私も「パワーがある」「モチベーションが高い」などとよく言われるが、なぜパワーがあってモチベーションが高いかというと、確信力が高いからだ。今見たものがどれだけすごいかを確信する力があれば、自分という存在は勝手に行動を始める。

反対に、どんな行為も（ブログの更新も）「自分にムチ打って何とか、がんばろう」「○○しなきゃ」という義務感になると絶対に成功しない。ならば、自然と自分が動きだせる状態（確信力に満ちた自分）はどうやって導き出せばよいのか。

それは、一見当たり前と思える物事をそのまま流さないことだ。なぜこれが流行っているのか？　これは一体どんな仕組みなのか？　という日々生まれる小さな疑問を追究すると、そのすごさがわかるようになり、必然的にそれ以外の選択肢はないと確信できるようになってくる。するとやるべきこととやらなくてよいことが明確に峻別される。

さらに、確信や感動を得てそれを素直に力強く発信することは、社会に対して威力を持ち、人を動かすことにつながる。

スピーチで国民を動かし、イギリスからインドを独立させたガンジーしかり、黒人差別撤廃を全米に訴え、差別を緩和させたキング牧師しかり。一人の力は非常に小さいが、人の心を動かすスピーチやプレゼンテーションができれば大衆が動く。大衆が動けば国が変わる。

日本の政治を変えたり大企業を興したりするのも、人を動かすことそのものだ。ソフトバンクの孫さんの「ソフトバンク新30年ビジョン」などの講演を聴いて人々が動きだす様子を見ても、事業づくりは人を動かすことだというのがよくわかる。確信し、人を動かすことができると大きな物事を成し遂げることができるのだ。

ブログの文章は、いわばその第一歩。文章の力は偉大だ。ペンは剣よりも強し。

あなたのブログやメルマガを寝転がって読んでいる読者を、あなたは文章によって、起き上がらせて外に出かけさせることができるか？

それがまさに人を動かすということ。人が動かなければ、政治もお金も動かない。お金とは人が持っているのである。人を動かせれば、富が動く。

脳の筋トレをする

成功者と成功者でない人間の差は、いったいどこにあるのか。

歴史に残るような成功者たちは皆、外見、出自、性格、背景、すべてが異なるが、唯一、共通する要素がある。それは、成功者は例外なく、尋常でないほど脳が鍛えられているということだ。

成功できない人間は、100人中99人は脳の筋肉がほとんど動いておらず、思考が停止している。思考が停止していると、日々起こる偶然の出来事から何らかの着想や意思決定を自然に導き出すことができない。つまりセレンディピティが得られない、とてももったいない状態だといえる。

私の場合は、食事中も歩いているときも、寝ているときでさえ、常にビジネスの構想を考え続けている。睡眠中は夢の中でも考えており、起きたらメルマガの文章が頭の中で完成していることは日常茶飯事である。どんな局面でもビジネスを忘れる瞬間はない。ひと言で言えば、費やしている時間の量が他者と圧倒的に異なる。

塾生やコンサル会員さんと話していても、ニュースやくだらないバラエティ番組を見ていても、次の進むべき道となるアイデアが毎日生まれてくるので、何をしていても速度が速い。

しかしそれは、偶然を非常に大切にしているからだ。

今日あった話、今日食べるランチ、今日行く場所。すべての場面で、「なぜこの店は儲かっているのだろうか？」とか、「自分がやるならどういうふうにやるだろうか？」、「この店の売上げを2倍にしろと言われたら何をすべきか？」と思考をめぐらせている。

その筋トレのやり方は簡単で、基本は「why」と「how」。「なぜこうなのか？」という原因追究と「これをうまくやるためにはどうしたらよいのか？」の手段を考案することの2つだけだ。これを常に考えるようにして日々を生きること。たったこれだけで人生が見違えるように進化することを約束する。

試しに、今、あなたのブログのPVが1日に1000ならば、それを1万にするためにはどうすればよいかの施策を10～15個列挙してみてほしい。

有名人に紹介してもらう、検索エンジンで特定のキーワードで自分のブログを上位に表示させるようにする、読者申請をして読者数を増やす、読者さんに特典を付けて紹介してもらう、ペタ（アメブロを訪問したことを知らせるボタンを押すこと）を毎日50件行うなど、無造作に15個書いたら、今度はその中でインパクトが大きい（実行が難しい）順に並べ替えてみる。この手順はブレインストーミングでいう発散と集約だ。

順序が整理できたら、あとは優先順位が高い（難しい、インパクトが大きい）と判断したものから順に1から実行していけばいい。もっとも難しい1位の項目は、もっとも成果を出す可能性が高いことなので、だいたいの場合では1～3位までの項目を実行する間に自分の目的とする成果を達成することができる。すると残り12程度の施策は、はなから、ほぼ意味がなかったことがわかるはずだ。

さらに脳を鍛える訓練としては、物事を対比させ、AとBとを比べてどこが違ってどこが同じなのかを考えることも大切だ。結局のところ、成功するか否かは脳の働きに集約される。成功の秘訣は鍛え抜かれた脳にあり、怠けた脳では稼げない。

あなた自身が自由と成功を手にし、日本自体が諸外国に対して強くなるためにも、脳の筋トレがすべてだ。

ネットワークビジネスとの出会い

小学生の頃から金への執着が尋常でなかった私の中には、一般に考えうる幸せのイメージ、つまり「家族やマイホームを持ち、平凡で幸せな生活を送れるだけの収入を得て人生をまっとうする」という結末がない。Rich or Die――稼ぐか、死ぬか。死を回避するために必死に稼ぐから、私は常に稼いでいられる。稼げないまま平凡に暮らすなら死んだほうがマシだと本気で思っている。

そんな私がネットビジネスをほぼマスターし、新しい収益の柱を模索する中で、非常に革命的なビジネスモデルに出会った。それが、ネットワークビジネスだ。

私はこのビジネスに参加したことは過去一度もなかったが、ロバート・キヨサキの2冊の本(『金持ち父さんの21世紀のビジネス』、『あなたに金持ちになってほしい』ドナルド・トランプとの共著／筑摩書房)の中に、21世紀にネットワークビジネスがとても伸びること、そしてウォーレン・バフェットが過去にネットワークビジネス会社の株を大量保有し、利益を出して売却していたことも知った。

世界一の投資家がなぜネットワークビジネスに関心を持ったのか？　それを知りたくて、この分野について半年かけて調べると、ネットワークビジネスがビジネスとして非常に優れていることがわかった。

その最大の理由は、「顧客の囲い込み」だ。リピーターを持つことは、どの企業にとっても難題だ。あるレストランに今日きたお客さんがその後何年も通ってくれるのか、また、ある講師のセミナーを同じ受講生がリピートし続けるかどうかは誰にもわからない。

リピート率によって企業の利益額は大きく変わるが、ネットワークビジネスはこの顧客の囲い込みがとてもうまい。なぜなら、このビジネスには「顧客がセールスマンを兼ねる」という秘密があるからだ。

ネットワークビジネスでは、顧客がある会社の商品を自分で買うと同時に、他人にセールスをかけていくようになっており、この会社のセールスマンと顧客とは完全に一致している。会社のセールスマン自身が顧客の一人であるから、数千万の顧客を持つネットワーク会社であれば、世界中に数千万人の社員を持っていることになる。だから恐ろしいほどのパワーがある。

セールスマンはビジネスを存続させるためにも顧客であり続けることがある程度の前提となっているので、ネットワーク会社は広告・宣伝費をかけることなく、自社の商品を囲い込んだ顧客の中で消費させながら、新規の顧客を獲得することができる。

私はその高度に複雑化されたシステムに感動を覚え、このモデルをインターネットビジネス界に持ち込めば、確実にネット界のマーケットがひと桁あがることも直感した。

そしてこの仕組みを完全に学ぶためにも、まずは自分自身が真剣にプレイヤーをやろうと思い、製品の品質が最上級に高いことを実感して、業界最大手に参入することを決めた。

ネットワークビジネスはリアルアフィリエイト

ネットワークビジネスは、人の集団を階層的にまとめ（リスト）、プレイヤー自身は製品の企画・製造をせずに大もとの会社の製品を紹介する（在庫を持たない）ことによってその販売マージンを得るという点で、アフィリエイトと酷似している。似ているどころか、ネットワークビジネスはいわばリアルアフィリエイトだ。

さらに、アフィリエイトよりもネットワークビジネスが優れている点がひとつある。

アフィリエイトの場合、多くは自分が紹介したAさんが製品を購入したら、Aさんに対する売上の一部を得て終わりだ。ワンレベルで完結し、ネットワークが自己増殖はしない。ところがネットワークビジネスは、製品を購入したAさんが次にBさんに紹介すると、Bさんに対する売上げの一部がAさんに入ると同時に、自分にも入ってくる。

ネット上でもツーティアといって、自分が紹介したAさんがBさんに何か販売すると、Aさんの報酬の5分の1～10分の1程度が自分に返ってくる方式はある。ただし、ツーティアを採用している企業は、ＡＳＰ（アフィリエイトサービスプロバイダ）全体の5％以下にすぎず、実質上ツーティアは機能していない。報酬が倍化していくことを、ＡＳＰが恐れているからだ。

ネットワークビジネスはこのネットワークを無限に、1万系統だろうと100万系統だろうと、日本中に散らばったとしてもすべて報酬の対象にしている。だから報酬が権利化するし、自分とは遠く離れた因果の先でもお金が生まれるのである。

また、ネットワークビジネスはソーシャルネットワークの自己増殖機能とも非常によく似ている。たとえばミクシィは、最初はクローズドの招待制で、ログインしないと中のコンテンツは見られず、招待メッセージを受け取った人しかミクシィに参加できないという形で普及した。広告宣伝をすることなく、ユーザーがユーザーを引き連れてくるという仕組みだ。資本金の少ないベンチャー企業のミクシィが短期間で急成長したのは、この自己増殖機能を用いたからだ。

ミクシィよりフェイスブックが優れていたのは、オープン制にして招待制をとらなかったことと、ビジネスへの利用を完全にOKにしたところだ。それによって、口コミが倍々で伸びた（そもそも両者には、ITのテクノロジーに赤ちゃんとプロフェッショナルほどの差があると私は思っている）。

私がネットワークビジネスに着目した最大のポイントはここで、アフィリエイトにはないこの自己増殖機能が莫大な富を築く上で非常に重要だと思った。アフィリエイトは、新規のプログラムをずっと紹介し続けなければ収入は継続的に生じないので、いったん儲かる構造を作れば、アフィリエイトよりもネットワークビジネスのほうが管理や継続が楽なのだ。

2012年6月4日にネットワークビジネスへの参入を決意した私は、私と一緒にビジネスをする方々を塾生や自社のそれまでの顧客の中から募り、1000人規模の会場を自ら用意して6月9日に無料説明会を開催した。

まず、プレイヤーになるためのステップとしてディストリビューター登録という手続きが必要となる。

セミナー当日は、雨の中、実際に来場してくれた750人中、私の考えを聞いて約150名の方が後日ディストリビューター登録し、商品を試したいと購入してくれた。

来場された本社の方も、「ここまで上手にネットワークビジネスについて話された人を初めて見た」と絶賛してくださり、登録はその後も増え続けている。

ネットワークビジネスでは、自分の系列グループでの売上額がある一定の基準に達すると独立して、誰の傘下にもつかず、直下の独立者になる。私は開始から5日後の6月14日でそれを達成し、さらに6月末には開始から3週間で基準の倍近くの売上額を達成し、第一関門のタイトルを獲得した。おそらくこれは長い歴史の中でも史上最速ではないだろうか。本原稿執筆の7月及び8月時点でもかなりの売上額を達成し、今月はまた新たなタイトルを獲得する予定だ。

裏を行くのが成功者への道～怪しいものの中に金脈がある～

私が見ている世界は、常に実績だ。実績だけを信じ、それのみに着眼している。

ネットワークビジネスに関しても、いまだ一部で批判があるのはわかっているが、それはあまり問題ではない。

実績を見れば、海外で創業し、日本だけでも毎期売上げ数千億円、利益数十億円程度を計上し続け、グローバルな売上げは数兆円に迫っている世界一のネットワーク会社だ。

日本人のディストリビューターの中でも年俸1億を超えるプレイヤーが数十名いるが、仮に一般企業だとすれば社員が億を稼ぎだす日本企業がほかにあるだろうか？

絶対にないであろう。

最高の人では年収は数十億にも及ぶと聞いた。私はそれらの実績に着眼し、その会社がどんな仕組みで成り立っているのかにとにかく関心を持った。

ネットワークビジネスで囁《ささや》かれる悪評は、ほとんどが末端の顧客である一部の心無いディストリビューターの質の悪さによって招かれている。彼らが自分さえよければいいとばかりに、強引な手法で商品を売り捌こうとしたり、相手を呼んでおきながら約束をすっぽかしたりすることが、商品までも悪く見せる。

一方、トップの創業者は、この高度なビジネスモデルを仕組み、世界で1兆円の企業を作っている実業家だけに、神様みたいなカリスマ性がある。サプリメントや洗剤などの商品自体が超一流であることは、自分で使ってみればわかる。

なによりあなたが本当に成功したいなら、肝に銘じるべきは、「裏を行くのが成功への道」ということだ。ビジネスは総じて、怪しいと思われているものの中に金脈がある。みんなが「これは正しい」と認めたとき、そのビジネスはもはや陳腐化している。

かつて私がネットビジネスを始めたときも、「情報系に行っちゃっていいの?」と忠告をくれる人は山ほどいたが、みんなが怪しいと思っているからこそ自分が儲けられたし、実際そうなった。

「人の行く裏に道あり花の山　いずれを行くも散らぬ間に行け」

これは私の好きな格言だ。

きれいな花を求めて大勢が山に行くのなら、みんなが行かない道から行ったほうがいい。

現代社会でいえば、みんながいいという道は、会社に勤めてお給料をもらう道だ。人が行かない道を行けば、時に批判を受けることもあるだろう。でもそこにしか金脈はない。

マイナーに進め。その先には、満開の桜が待っている。

第2章　意志の力で変えた人生

「異分子」の誕生

私は物心ついたときから、常識的な家族とは性質のかけ離れた異分子だった。

3歳のとき、保育園のお昼寝の時間に見た夢を今でも明確に覚えている。自分が雲の上に乗り、スーパーコンピュータを操って保育園を制覇する夢だ。レバーをガチャガチャ動かすと、先生やクラスメイトが自分の思い通りに動くのが楽しかった。

父は千葉大の工学部を出た後、スタンフォード大学の経営大学院を卒業して大企業の役員を務めるエリートサラリーマンで、父の転勤や海外赴任に伴い、小学校教師の母と、私と妹は引っ越しを繰り返した。知らない土地を転々とする生活に嫌気がさした私は、6歳のとき、父のアメリカ赴任についていくことや家族と生活していくことを拒み、埼玉県秩父《ちちぶ》市の山奥で旅館を経営する母方の祖父母に引き取られた。父は後に日本を代表する大企業のアメリカ法人で副社長に就任した。

そうして家族3人と人生が分かれ、私の田舎暮らしが始まった。

月収10〜20万円の小学生時代

小学1年生とはいえ、家業が旅館である以上、手伝うのは当然だ。食事作りや配膳、皿洗い、領収書や請求書のやりとり、広告を出す際のアイデア出しまで手伝い、月10〜20万円のお小遣いという名の給料をもらっていた。

毎月それだけ小遣いがあると、市場にある人気のゲームソフトがすべて手に入る。8畳程度の自室は、店で買ったままパッケージも開けられていないゲームソフトや、包装もとかずに天井まで高く積み上げられたミニ四駆やプラモデルで埋め尽くされていた。

学校のテストはほぼ百点で、百点をとるたび、祖父母がご褒美におもちゃを買ってくれる。髪が伸びると床屋に行くわけだが、なぜか髪を切ってさっぱりするとゲームが買ってもらえる。休日は、何台もあるゲーム機で友達を誘って遊び、おもちゃを尋常でなく持つ私は2年生までは人気者だった。

しかし学年が上がるにつれて「変わりすぎてて危ない」と敬遠され、集団から浮いていった。高学年になると、大宮や熊谷、秩父などの繁華街に遠出をするようになった。やがて子分を連れて都会のゲームセンターに通い始めた。

大宮は驚くほど都会で、駅には田舎では見かけることのない浮浪者がいた。その姿に衝撃を受けてしまい、以後、その浮浪者のことが頭から離れなくなった。「お金がないとこうなってしまうのか」と非常に強い危機感を覚えたのである。

もはやクラスメイトとは話が合わず、学校からも問題児扱い。担任の先生が「廊下は左側を歩け」と言うと、後ろ向きになって右側を歩く始末。授業参観では手に靴下を履いて手を上げ大宮から遥々《はるばる》やってきた母親を赤面させた。小学校5年の担任教師S氏からは机を蹴飛ばされたり、物を投げられたりと今思うと体罰のようなことを受けていた。クラスメイト全員の前で「お前なんか早く大宮に行っちまえ」と罵《ののし》られたこともある。私に非があったのかもしれないが、「もうここにはいたくない」と思い、6年生の3学期から、大宮市で一戸建てのマイホームを買った両親のもとに帰った。

大宮駅の浮浪者

旅館を経営する祖父母を間近に見る暮らしの中で私が感じたのは、「人は自分の力で生きていかなければならない」ということだ。

旅館経営は浮き沈みの激しい商売で、大繁盛のときは地元で何人ものお手伝いさんを雇うが、お客が激減すれば明日をも知れぬ危機感に陥る。お客から一方的なクレームを受け、祖父母がひっそり泣いていたこともあった。

「この旅館に客が来なくなったら、俺は浮浪者になるんだ……」

子供ながらにそう感じ、その思いは強迫観念として私の中に植えつけられた。

1年ほど前に祖父が亡くなり、50年近く続いた旅館は廃業した。祖父も祖母も本当に私を可愛がってくれたし、幼少期から商売に慣れ親しむことができたのも祖父母のおかげだ。

もし彼らに唯一、過ちがあるとすれば、それは私にお金を与えすぎたことかもしれない。けれどそれが、私にお金の意味を考えさせる何よりの教育になった。

いじめられっ子の反逆

小6の3学期に転校した大宮の小学校では、都会育ちのクラスメイトに話し言葉の訛りをからかわれ、転校から数日後「新入りは給食を片付けろ」と女子に命令された。私が素直に従わずに「何でそんなことを言われなければいけないんだ」とキレたため、「あいつが新入りの調子こいているやつだよ」とばかり、学年中からいじめの標的にされた。

2か月にわたる集中的ないじめは私のメンタルを鍛えたが、同時に世間に対する恨みが噴出し、3学期の終わりには髪を茶色に染め、「生意気なヤツ」が一瞬で不良に変貌した。

私は元々腕や足などの筋肉が強く、中学でジムに通っていた頃は脚力や腕力、握力をいつもトレーナーに驚かれていた。そのためケンカが強く、中学にあがると不良の先輩にケンカを売りまくって撲滅し、学校中の不良を集めて与沢軍団を作った。「一軍」はハッタリがききそうな強いやつらで、「二軍」はヘッポコだけどよく使えるやつら。ちょうど「酒鬼薔薇聖斗」の事件が起きた頃で、「与沢は何をしでかすかわからないから近寄らないほうがよい」と教師からも恐れられ、私が廊下を歩けばみんなが道をあける。中1の3学期には完全に学年を制圧し、誰も手に負えない状態になっていた。

不良仲間と遊ぶ金と、酒やタバコ代は、持っていたゲームソフトやおもちゃ、古本などを中古屋で売って作った。換金額は全部で200万円ぐらいにはなったと思う。それも中1の1年間ですべて使いきった。

中1で覚醒した商売人の血

遊ぶ金が目減りしてきたのがすべての始まりだった。

中1の2学期、私はお金を得るために、中学の先輩や友達からいらなくなった洋服や、履けなくなった靴を無償でもらい、家で展示会をして転売するビジネスを始めた。紙袋を買ってきて、ナイキの靴やヒップホップ系の人気ブランド服をまとめて入れ、セットで1万円にした「福袋」が一番売れた。

客は全校生徒で、隣の中学やフリーマーケットでも出店し、よく買ってくれる上客は「得意客リスト」に載せて繰り返し声をかけ、月に計30万円程度を安定的に売り上げた。

常に頭を使い、どうしたらみんなに一目置かれ、人心を掌握できるかを考えていた。

非行はエスカレートし、学校にはほとんど行かなくなった。飲酒、喫煙、器物破損、バイクの暴走行為などで、補導歴は中学時代だけで14回。両親にはたいへんな迷惑をかけた。右腕には今も根性焼きの傷痕《きずあと》が4か所残っている。この傷を見るたびに、自分の過去を思いだす。

けれど視野の狭い当時の私は「自分の進む道は極道しかない」と思い込み、今度は大宮中の中学の不良のトップと次々に争い、最終的には大宮一の派閥を作った。

やがてそれが暴走族化。その頃になるとガスコンロのガスをビニール袋に入れて、それを口から吸引するなど、もはや常軌を逸した行動をしていた。しかし、当時の私達のグループではそれは常識的な行為であったのだ。酒を飲むか、ガスを吸うかみたいな軽い感覚だったのかもしれない。今思えば、私の脳細胞はよく破壊されなかったものだと思う。

そんな中、中学3年のある日、私に恨みを抱く悪名高い不良たちが本家本元横浜の暴走族を連れて十日町という大宮のお祭りに報復にやってきた。警察が来たときには敵は皆逃げたあとで、集団から暴行を受けた私は1か月に及ぶ入院生活を余儀なくされた。

「これを機に勉強してみたら」という母親の懇願《こんがん》で、入院中に2週間、高校受験の参考書を読み、試しに受けた偏差値60の武南高校に合格した。けれど学校生活には2日でうんざりして3日目に即退学。昼はアルバイト、夜はバイクで暴走という日々が始まり、本格的に暴走族の道へ歩みを進めた。

祖父母がくれたチャンス

ところが16歳になったばかりのとき、連続ひったくりの容疑で警察に逮捕され留置所に入ることになった。実際にはひったくりなど1回もやっていないのだが、取り調べで何も出てこないことがわかると今度は虞犯《ぐはん》措置といって、「この者を置いておくと地域社会に害悪となる恐れがある」という措置で、私は1か月半、社会から隔離され、22日間の最長拘留で留置所に拘留された後に浦和の少年鑑別所に移送された。少年鑑別所とは、犯罪を犯した少年を少年院に入れるかどうかを鑑別、つまり判別する場所である。運動、学習などがあり、厳しい規律によって運営されている。

当時の私の非行ぶりはすさまじく、親はとうに音を上げていた。祖父母は「もとは私たちが育てた大切な子供で、もう1回教育するために秩父に連れて行くから少年院には絶対に入れないでくれ。絶対に返してくれ」と家庭裁判所で泣いて土下座した。

そのとき祖父が、「お前は頭がいいんだから、弁護士を目指したらどうか」と言って、1冊の本を差し入れてくれた。大平光代さんの『だから、あなたも生きぬいて』(講談社)。中学時代にいじめを苦に自殺をはかり、非行に走った極道の女が、更生して弁護士になったという自伝を読み、初めて本というものをまともに読んだ私は素直に感動した。

「そんなんでもいいんだ。俺も汚れたけど、やり直すかな」

生まれて初めて自分の生き方は間違っている、そう思えた。

私は祖父母や親の懇願の甲斐あって、少年院には行かず、試験観察処分になって家に戻った。

それからは、ケンカも暴走行為も悪いことは一切やめ、仕事だけに打ち込んだ。仕事というのは、アルバイトとバイクの転売だ。自分の所属する場所はどこにもなく、ビジネスしかおもしろいことがなかった。

その後の2年間は、「相手を脅かし、怖いと思われてなんぼ」というゆがんだ価値観から離れるためのリハビリ期間だった。不良仲間からケンカを売られても、手を上げてはならないと悔恨の涙を流しながら殴られるのをじっと我慢したこともある。そして、あるときは突発的に暴れたい衝動にも駆られる。アイデンティティをどこに持っていけばよいかわからず、たとえようもなく苦しかった。一転真面目になった私と裏腹に周囲の悪友たちは、闇金、右翼、暴走族とどんどんエスカレートしていってしまった。強姦、放火、麻薬取締法違反など凶悪犯罪で逮捕された、そんな話もよく聞いていた。

私は、本当に寸前のところで、正道に戻されたのだ。あのまま行ったら今生きていたのか確証がない。幸いなことに本格的な道に進む寸前で、警察の誤認によって逮捕された。そのおかげで覚せい剤もその他のいかなる重大犯罪も一度も犯さなくて済んだ。あと1~2年捕まるのが遅れていたら、今の私はもうないであろう。16歳のとき改心できたことを今でも心から感謝している。

17歳で現金700万円の貯金

中学時代にしていた服の転売の次に着眼したのが、バイクの転売だった。まず、古くなったスクーターを売りたい人たちと3万円~5万円で買い付けの約束をし、スクーターの写真を撮って簡単なカタログを作る。「この中に欲しいのがあったらいいよ」と言って周りに見せると、親にばれずにスクーターを買いたい人たちが飛びついた。

お金が一括で払えない人には分割決済を用意して、私がその間の金を融通。売主との交渉や、バイクを隠しておけるコンテナの斡旋《あっせん》、名義変更の難しい作業と保険の手続きまで代行して納品した。

価格付けは自分の中で絶対のルールがあった。それは、近所にあるバイク屋のチェーン店でついている、類似のスクーターの値段より割安なこと。チェーン店で走行距離の近い同種のスクーターの写真を撮り、それと私が売ろうとしているスクーターの走行距離を比較して、店でついている値段が8万だったらこっちは7万で出す。それでお客の満足度を確保したため、本当によく売れた。

その副業で月収は50~70万円になり、次は販売価格30万円でもよく売れる400ccの単車や、セルシオやシーマなどのＶＩＰカーの転売を始めた。売主には一括で払い、買い手には私がローンを組んであげて利益を乗せて回収も自分で行う。それを17歳ぐらいまで続けると、現金700万円の貯金ができた。

そのときすでに、売れるものを見つけ安く仕入れて高く売れば利益が出るという商売の基本を誰よりも深く理解していた。また手持ちのお金を転がすと、自分以外の誰か（何か）がお金を稼いでくれることにも私は気付いた。

そこで友人間にだけ融通を行う個人消費者金融に乗り出し、2年間重点的に稼いで莫大な利益を手にした。当時の最高月収は150万円にも上った。

アルバイトを通してビジネスを体験

どこの不良よりも勤勉に働いた私は、時給680円のガソリンスタンドのバイトに始まり、想定できるすべての職種を意図的に経験した。

蛇口の訪問販売、カラオケ店の店員、ピザ屋のデリバリー。クリーニング工場、おむすびや牛丼・牛カルビ弁当を作るセブン-イレブンの工場作業員。クール宅急便の仕分け、日焼けサロンにスカウト業、ホストなど、その数、約30。土木業はとびと配管と解体をすべてやり、ラーメン屋の厨房、調理、出前は長く続けたので、鍋を振るのは今でも得意だ。

あらゆる職場で見る光景は実におもしろく、ビジネスのアイデアをどんどん思いついた。

と同時に、組織の束縛や、人に雇われるしんどさ、自分の時間を切り売りして行う時間給労働の限界も十分味わった。工場のラインに立ち、流れてくる電気メーターにひたすら蓋を閉め、ネジを締めるだけの作業を半年やったときは、頭がおかしくなりそうだった。

「単純労働だけは絶対に、なんとしても回避しなければいけない」

中卒の私に与えられる仕事の多くは単純な労働作業で、新卒採用のような厚遇はなく、スーツも着させてもらえない。けれど職種ごとに教育はあるし、労働への従事という意味ではアルバイトも正社員も同じだ。

私にとってはこのアルバイト体験が「就職」だった。そこからの解放を求める思いと、金への尋常ではない執着心がのちの私を開花させる。

19歳で大学受験を決意

檻の中から社会に戻り、仕事を始めたはいいが、不良としても中途半端、一般社会の光のあたる世界でも中途半端な自分に苛立っていた。

この頃、ロバート・キヨサキの『金持ち父さん貧乏父さん』(筑摩書房)、ナポレオン・ヒルの『思考は現実化する』(きこ書房)の2冊に影響を受け、将来は必ず大物になろうと商売をがんばっていたが、個人でやる転売ビジネスには限界を感じていた。かといって、当時は20歳未満では会社は作れないという噂を聞いていたし、作り方もよくわからない。とにかくスケールやステージを変えるために、大検を取得して大学に進学しようと決めた。

かつての仲間から、「引退集会」への参加を懇願されたのはその頃であった。

暴走族は18歳で引退するのだが、その有終の美が引退集会だ。「単車のケツに乗っているだけでいいから」と言われたが、もし参加すれば、16歳で逮捕されて以来、ずっと真面目にやってきた自分が再び明確な犯罪を犯すことになる。最悪の場合、逮捕されるかもしれない。

悩んだ末、同じ中学を卒業した幹部仲間の恩に報いたい気持ちと、これで縁も切れるであろうという安堵《あんど》感がわずかに勝り、「これで最後、捕まったら責任を取る」という思いで参加した。

単車数百台、車数十台で計5キロに及ぶ関東最大級の暴走集会の模様は新聞でも報じられ、最後尾の見えない集団は、密かに警察の特捜部隊のビデオカメラに撮影されていた。

その映像から警察が苦節調査をすること1か月。

18歳のクリスマス、朝6時に自宅に家宅捜査が入った。それから1年後、すでに19歳になっていた私は、警察の苦労の捜査の上で、道路交通法上の共同危険行為容疑で逮捕された。

9か月の猛勉強で早稲田大学へ

家宅捜査の結果、私の自宅にはバイクはもちろん、暴走関係の証拠が一切なく、押収物はひとつもなかった。

集団危険行為の共謀共同正犯という少年法で留置所に入り、鑑別所にも行ったが、すでに心を入れ替え大学受験を決めていること、翌年の春から通う予備校も決まっていること、いかに真面目にこの3年間を過ごしてきたかを家族が訴え、「今、台無しにしないでくれ」と両親が嘆願したことで、日本でも類を見ない特別な観護措置の解除という特例を受け、奇跡的に審判を受けることなしに帰宅を許された。

「もうこの世界とは決別しよう」

私は出所後、携帯電話を解約してすべての人脈を断ち、4月になると、帽子を目深にかぶりサングラスをかけて、隠れるようにして代々木ゼミナールに通った。

中途半端な不良の道を明確に断たれたことによって、私は大学受験にまっしぐらになれた。目標は、大平光代さんを手本に弁護士になること。志が定まると、固い決意で1日最低16時間、長い日は20時間、代ゼミの自習室にこもり修羅のように勉強した。

最初はアルファベットすら読めず、小文字のℓはリットルと呼び、qを見てpが反対になっていると驚いたほどだ。そこで母親に発音記号の読み方を教わりながら、中学1年生用のアルファベット練習帳の文字をなぞるところからスタートした。それでも基礎中の基礎を鬼のように固めた結果、4月の全国模試で32だった偏差値は、2か月で60を超えた。

そこからは、早稲田大学に照準を定めて過去問を解き、食事中もトイレでも、家の中を歩くときも片時も参考書を手放さず、自分の知らない知識を穴埋めしていくような感じで貪欲《どんよく》に吸収していった。あるとき、リュックを背負い参考書を読みながら大宮駅を横断していた。すると駅の真ん中にあるコンコースの置物に頭からぶつかった。このときは、自分が二宮金次郎の再来ではないかと思うほど勉強していたのだ。

年が明け、早稲田、立教、明治、青学、法政など受けた大学すべてに合格した私は、20歳で早稲田大学社会科学部に入学。民法のゼミに入り、サークルには目もくれず司法試験の予備校・伊藤塾に通って、ダブルスクールで朝から晩まで勉強した。

10代のはじめからつまずき、めちゃくちゃな人生を歩んできた自分が、周囲に助けられ、自分も努力して地獄から這い上がった。大学に入り、10代の人間関係を断ち切れたことで意識が変わり、「やればできる」という確信を強めていた。

次の目標は、在学中に司法試験に合格すること。一般教養を終えて3年生にならないと司法試験の一次試験は受けられないため、2年生の終わりまではひたすら勉強し、とてつもなく脳が鍛えられた。それまで感覚でしかできなかった話が、すべて論理的に話せるようになり、読んだ本を一度ですべて記憶できるほどになり、どれだけ頭を使ってもまったく疲れなくなった。なにしろ相手は六法全書だ、手ごわさは尋常じゃない。この時代の脳の鍛錬が、今の私の大きな武器となっている。

リッチな大学生活

6歳からこれまでの人生で、私が金を稼がなかったのは、大学の受験勉強に没頭した9か月間だけだ。その時期を除いて、私には、金を稼がないという選択肢はあり得なかった。

大学に入って始めたアルバイトは、当時普及し始めていたADSLの頒布キャンペーンで契約を獲得するヤフーの営業だ。ゲリラといって、全国各地の街頭や電気店の前に立ち、通りがかりの人やお店に来たお客さんにＡＤＳＬを勧め、外部で契約をまとめさせる。

ほとんどの営業マンが「1日に1～2件契約がとれればいいほう」という中、1回やってすぐにコツをつかんだ私は2時間で7～8件の契約をまとめ、「神」と呼ばれた。

1日の目標値を達成さえすれば、好きな時間に帰ってもよかったので、私は所要時間を極めて効率化し、街頭や店頭に立つのは1日2時間、週3回までと決め、月40万円を稼いだ。契約が多く取れたときは、申込書を貯め込んでおき、別の日のストックとしたこともある。

出張で栃木や群馬、茨城、東京、福島など遠方に行ったときは、移動中はもちろんのこと、目標の契約件数を獲得したら、電気屋の休憩室で本を読み司法試験の勉強をした。40万円を効率的に稼ぎながらひたすら勉強するという両立パターンのおかげで、忙しいながらもリッチな大学生活が送れた。当時の私は700万の貯金を下ろしてＵＣＦ31セルシオの新車に乗っていた。当時は随分痩せていてお金もあったので、洋服はドルガバかディオールしか着ていなかった。

ホリエモンとの出会い

2004年6月30日、若手ＩＴ社長がプロ野球球団・大阪近鉄バッファローズ買収を申し出たテレビの記者会見で、私は初めてホリエモンを知った。
ライブドア（現・LDH）という会社の代表取締役社長、堀江貴文。東京大学中退の起業家。その人物にわけのわからないインスピレーションを感じ、「こいつはたぶん尋常じゃなくすごい奴だ……」と全身に雷鳴が走った。この衝撃の出会いは、今思い返してもセレンディピティとしか言いようがない。

興奮状態のまま、予備校に行く途中の本屋で平積みされていた『起業は楽しい！ 21世紀ニッポンの起業家人生入門』（日経BP社）を読むと、ネットエイジグループの西川潔社長が、さまざまな実例を踏まえ、「今後は、起業した若者が数年で上場して世界企業を作り億万長者になって世界に打って出ていく」というすごい構想が書かれている。「これだ！」と思った私は体中の血が騒ぎ、以後7か月間ずっと迷いながら、法律の勉強と経済やビジネスの勉強を両輪でこなした。

その間、自分が過去に手がけたビジネスを振り返ると、「こうしたらもっと大きくなった」という思いが次々に浮かんだ。実際、洋服や古本・ゲームの転売ビジネスは「ブックオフ」が、バイクの転売は「バイク王」が手がけ、金融は「武富士」「プロミス」「アイフル」が有名になった。うまい方法を見つけて本気でやれば、どれもとんでもなく大きくなったのだ。ビジネスの勉強はすべて実体験とリンクし、アイデアがわき出るようにあふれた。

もう一度ビジネスをやってみたい、自分の実力を試したい。でも起業家になるのは弁護士になってからでも遅くないし、弁護士資格は一生消えない。とにかく司法試験に受かっておいたほうがいいんじゃないか……。

合理的に考えれば、そうしたほうがよかったと思う。けれど感覚的に、もうそれではおさまりがつかないところまできていた。

そして大学2年生が終わりに近づいた頃、ある決定的な事実に気付いた。

私は司法試験の勉強をするうちに商法が大好きになったが、商法で勉強する内容はすべて何年も前に最高裁で判決が出た過去の事例だ。つまり、法律の世界は時が止まった静的な世界で、法に照らし過去の事実に解釈を加えて、判決という形で実績（判例）を作るのが主。

対する経済は、未来を作る動的でダイナミックな世界だ。二つを対比して考えると、その魅力は一目瞭然。過去起こったことにいくら解釈を加えてもつまらないじゃないか。

そう思った瞬間、私の法律に対する情熱は一気に冷めた。そして「今なき未来」を作るべく、起業しようと決意した。

垣間見た、年商100億の世界

起業を決めた私が最初にしたのは、当時、経済産業省が後援していた起業支援団体ドリームゲートが主催する「社長のカバン持ちインターンシップ」への応募だ。このインターンシップで選ばれた50名の幸運な学生は、約1か月間1人の起業家の付き人として、実践的なビジネスの現場を体験できる。

2005年9月18日、最終選考である審査会のお題は「30秒プレゼン」と面接。全国から集まった200名の優秀な学生の中から優秀賞に選ばれた私は、当時年商120億円を誇っていた投資会社社長のおそばでカバン持ちをさせてもらえることになった。

国産高級車のプレジデントで移動してまず連れて行かれたのは、六本木ヒルズのレジデンスにある社長のセカンドハウスだ。すれ違う人は皆オシャレで、重厚な部屋のつくりは見るからに高級そう。部屋の窓からは東京タワーが見える、家賃を聞くと月200万円近い。

「家賃だけで200万……」

まさに桁が違う世界に衝撃を受けていると、社長がこう言った。

「与沢、今度、香里奈や倖田來未、m·i·s·o·n·oやAAA（トリプルエー）を呼んで、USE

Nの宇野君と一緒に新しいジョイント事業のオープニング・ファッションイベントをやるぞ。それをヴェルファーレのVIP席から見せてやる」

イベント当日、私は会場を手伝いながら数千人規模の豪華なイベントをVIP席から眺め、「年商100億の風景」を心に焼き付けた。

ほかにも、新宿の老舗料亭で行われる執行役員会議などさまざまな「異次元」を見ながら、フランチャイズやコンサルティングビジネスのプレゼン、メンズエステの店舗視察、子会社への出向、企業情報の分析など、具体的なビジネスにも携わらせてもらった。

その体験によって社長業の輪郭を知り、起業の期日を優秀賞受賞日からちょうど半年後の2006年3月に定めた。

人の行く裏に道あり花の山

起業に必要な経済要素は、金、人、物、アイデアだ。まずはそれをひとつずつ揃えていくことにした。資金は700万円で、新車で購入していた自前のセルシオを約400万円で売却し、足りない分は当時の彼女に借りることでクリア。

人材はミクシィを使って起業サークルを作り、起業に興味を持つ学生を六大学を中心に数百名集めた。その中から2人の創業メンバーを選び、さらに、サークルつながりでシステムエンジニアの社会人やウェブデザイナーの個人事業主などを集めた。私自身、当時はさほど詳しくはなかったものの、時代の波に乗っていたITビジネスに参入を決めた。

次にビジネスアイデアを固める段階で、これならできると思う事業アイデアを5つほど出し、その中で最も現実的な洋服の通販をやることにした。

私がとにかく決めていたのは、「人の行く裏に道あり花の山」ということだけ。アパレルのネット通販でも、誰もやっていない分野をやろうと思い、「裏の道」をずっと探していた。

そんなとき、セレンディピティが訪れた。

当時、早稲田大学にはベンチャー起業家講座があり、楽天の役員やDeNAの南場智子社長(現・取締役)、大手人材派遣会社グッドウィル・グループ(現・アドバンテージ・リソーシング・ジャパン)の折口雅博さんなど、そうそうたる実業家が講演に来てくれた。折口さんにあっては真っ白のロールスロイスファントムで大隈講堂に現れ、あのインパクトは今でも忘れられない。とてもためになるビジネスの授業を受けることができ、私は3年次からは法律を減らしてベンチャー系ビジネスの授業を中心にとっていた。

その中の一人、東京ガールズコレクションで有名な女性ファッションサイトを運営する当時業界最大手のゼイヴェルグループ率いる大浜社長が、講座で「109系のギャルショップを携帯化して通販し、ファッションショーをやったらとてつもなく儲かり、年商100億を超えました」という驚きの話をしてくれた。その天才的なビジネス手腕に感嘆していると、社長の口から「今度、109がメンズを出すんだよね」というとんでもない情報が、本当に一行、ポロッとこぼれた。

それを聞いた私は、「ならばその109メンズショップの携帯通販の権利を、誰よりも先に自分が獲得しよう」と思い、渋谷109のメンズブランドに、会社の設立前から声をかけることにした。先日、私は、この東京ガールズコレクションの傘下にあった会員数400万人を誇るガルマガを買収した。まさか、当時夢にまで見ていたサイトを、29歳の今になって買収するとは、思いもよらない巡り合わせである。

ITビジネスに参入し、会社を設立

発案は素晴らしい。けれど失敗は許されない。メンズブランドに直接電話をせずに、どういう方法をとったらうまくいくか?

思い浮かんだのは、「その業界にどんな力関係が働いているかを見抜いてから戦略的に動け」という自分なりの成功法則のポイントだ。

では、ファッション業界がペコペコしている相手はいったいどこか？

私の答えは出版社だった。アパレルブランドというのは雑誌によって作られており、雑誌だけは敵にまわせない。そこから攻めれば全部が落ちるはずだ。

そこで、ギャル系雑誌『egg』のメンズ誌『men's egg』の編集部に電話をかけ、「大学生なんですけど、こういうビジネスをやって『men's egg』のマーケットをもっと大きくして、僕が『men's egg』の部数を伸ばします」と編集者に話した。すると編集のスタッフさんが会って私の話を聞いてくださり、「キミのことを応援するよ」と言って『men's egg』のモデルをほぼ全員紹介してくれた。

そしてギャルやギャル男のモデルたちととても仲良くなった私は、アパレルの社長を直接知るモデルたちに社長を紹介してもらい、メンズナンバーワンブランドの社長にアポイントをとることに成功した。

社長へのプレゼンでは ZOZOTOWN を例に出し、「１０９系の ZOZOTOWN を作り、御社のブランドをさらにブランディングします」と構想を話すと、社長は非常に評価してくださり、

「知ってるところ、紹介するよ」と１０９メンズに出店した大部分のメンズブランドを紹介してくれた。

（ちなみにZOZOTOWNは今や日本一のファッションサイトだが、２００５〜２００６年当時はまだ年商10億円ほどで、未上場の知る人ぞ知るサイトだった）

そのようにして見事、作戦勝ちを収めた私は、瞬く間に１０９のメンズフロアほぼすべてのブランドと契約を結び、２００６年３月、大学３年の終わりに満を持してエスラグジュール株式会社を設立。以後、わずか３年半で月商１億５０００万に達するネット通販会社に育てることになる。

第3章　栄光と挫折

初めての挫折

会社を興した私がまず下した大きな決断は、いきなり300万円分の広告を雑誌に打つことだった。ビジネスモデルがしっかりできてもいないのに、資本金620万円中、仕入れに200万円、カメラなどの必要経費に100万円を割り振り、

「残りは全部、広告にぶち込むぞ。これでしくじったら解散！」

といって背水の陣を敷いた。万一そうなった場合の資金調達法は当然考えていたが、それは社員には言わず、皆の頭に解散と存続を描かせながらスタートを切った。

私には3つの戦略があった。1つ目がよいブランドを集めること。2つ目は、カッコよくて使いやすいサイト（お店）を作ること。そして3つ目が、ナンバーワンの雑誌にリスクをとってでも広告を打つこと。

事業においてはこの3つだけで成功できると本気で思い込んでいたので、いいブランドを集め、開発に時間とお金をかけて凝ったデザインのサイトを作り、できる限りの広告を打った。この戦略が3か月で揃うと、7月の月商は一気に300万円になった。素人にしては上出来だ。

しかし、そこから先が伸びなかった。

最初にぶつかった壁が、現金の出入りを管理するキャッシュフロー・マネジメントだ。事業の一定期間の収益とかかった費用から営業利益（赤字の場合は営業損失）を算出するP／L（損益計算書）はシンプルでわかりやすいが、会社の預金から借金までを含む財務状況を示すB／S（貸借対照表）は非常に複雑で、財務諸表について勉強してこなかった私にはうまく理解できない。

潜在的に抱えている負債と、潜在的に権利を持っていて回収できる売掛金、在庫の商品、そこに対して評価損を加える減損会計と利益剰余金の関係がつかめないために、必要運転資金や現金及び現金同等物の出入りを表すC／S（キャッシュフロー計算書）がわからず、資金繰りに苦しんだ。

何百万円も売れているのにお金が足りない。仕入れと売りのバランスが月次で均衡せず、会社設立から9か月目に資金がショートした。

オフィスは賃料月5万円のシェアオフィスに入り、4社でシェア。お手伝いのアルバイトやインターン学生を合わせると、社内には10人ちょっとの人間がいたが、本来は社会勉強として醍醐味のある仕事を与えるべきインターン生を労働力とみなし、雑務や事務作業をやらせていたので、迎え入れてもすぐに辞めていく。

私自身も含めて私以外の初期メンバーの約半数は学生で、「給料は成果報酬」という約束だったので、私もタダ働きだが、5人には給料を8か月間1円も払っていなかった。そんなふうに商売の厳しさを知る過程で社内の和は乱れ、5月の段階で1人が辞職。社長（私）vs.役員（5人）という構図にどんどん分かれていった。

2006年9月。環境改善のために、早稲田大学のビジネスプランコンテストに出場した。このコンテストで優勝すると、大学でベンチャーを教える先生から人脈を紹介してもらえたり、構内の一室を事務所として1年間無料で貸してもらえたり、ネットや電気代がタダになるなどさまざまな支援が受けられる。

学生の中に本当にビジネスをしている人間が混ざると、レベルの差は歴然だ。私はダントツで優勝し、9月にオフィスを早稲田大学内に移転した。インターネット回線がつながり、水道光熱費もすべてタダ。けれど資金繰りが厳しく、ついに会社設立8か月目の11月、残っていた3人の創業メンバー全員が辞表を提出。設立当時に出資させていたこともあり、関係は醜くこじれた。

株を握られている苦渋。人を雇う難しさ。度重なる交渉の結果、株を額面で買わせてもらう代わりに、未払い賃金は月15万円で8か月分、私の連帯保証入りですべて支払うことで決着した。数百万の借金を背負った私は以後、数年間にわたりそれを支払い切った。12月には事業資金もショートするし、この頃は、本当に地獄かと思った。

仕入れ先への支払いを何としてでもやるために、武富士、プロミス、アイフルなど名立たる消費者金融に同時に借金を申し込み、合計400万円の借金をさらに追加で背負った。当時の消費者金融は金利が29・2％とべらぼうに高く、私はその後約2年にわたり決められた金額を払い続けた。おかげでとても鍛えられたが、この創業メンバーの辞職及び未払い役員報酬の連帯保証、さらに消費者金融通いは、私の中では事業上の初めての挫折だった。

早稲弁、早稲風呂で再スタート

創業8か月で1人になった私は、96・7％の自社株を取得したはいいが、問題は会社のリアルな運営だった。それまではプロのウェブデザイナーとシステムエンジニアがおり、完全自社開発・自社運営のEC（ネット通販）が強みだった。複雑な会計も、税理士の卵が管理してくれていた。それがすべて自分に放り投げられ、システムの更新が一切できない。

窮地に陥った私は、フォトショップとイラストレーターの本を買ってきて、自分でやることに決めた。金がなく、それ以外の選択は考えられない。幸い、大学受験と司法試験の勉強で頭はかなり鍛えられ、「勉強系に関してできないものはない」という自信があった。

すべての友達を切った私は、ゼロから超高速で学び始めた。布団を買ってきて早稲田に寝泊まりし、早稲田の銭湯に行って、食事は早稲田弁を食べる。構内を一歩も出ずにひたすら勉強し、眠くなったら寝るという事務所の住人のような生活はある意味優雅だった。今でも、拾ってきた臭いのきついソファーで寝ていたあの日々を忘れられない。そこには一人ながらも常に笑顔の自分がいた。

まもなくフォトショップをマスターしてウェブサイトの更新ができるようになり、イラストレーターを勉強してロゴも作れるようになった。次はシステムだと思い、「ＰＨＰ入門」や「データベース設計」などの本を買ってきて、HTML、CSS、Javascript、PHP、MySQL、Linux、Apacheの7つの言語をある程度マスター。ウェブサイトの更新や決済手段の追加など、簡単な更新や機能追加はすべて自分で行えるようになった。ゼロからフルスクラッチは書けなくても、書いてあるものをベースに書き換えやコピー、バグの修正や機能追加、設定変更ができるレベルになれば私にとってもう十分だ。

そして財務。簿記を完全にマスターし、すべての勘定科目を暗記。C／SとB／Sもわかるようになった。その後は、EDINETというデータベースを使って上場企業の有価証券報告書を毎日貪るように読み続けた。それが奏功したのか、生きた決算情報を読み取れるようになった。

1年目は売上げが2000万円で赤字が400万円。資本欠損が400万円で残りは200万円。次の年度で債務超過になるかどうか勝負をかけようと、広告は一切停止。お金をかけずに集客を増やすため、ウェブマーケティングのSEO（検索エンジン最適化）を究めた。結果、検索エンジンの「メンズエッグ」「メンズファッション」「お兄系」というワードですべて1位を獲得。通販のセシールや楽天を超えて1位になった私のサイトはアクセスが集中し、2年目の年商は5000万円程度に伸びて初めて黒字化した。一人でやってもここまで行けるのか、と改めて自分の力に自信を持った。

4か月間の猛勉強を経て事業の体質が改善され、月商は微増の400万円でも非常に利益が出ている400万円になった。システム投資を惜しまず、自己投資のための読書にも徹底的に投資した。

次に私が見はじめた夢は、月商1000万円になることだった。そのラインがなかなか超えられない。ふと周りを見渡すと、同じように見えているのに年商20億円稼ぐ競合企業がある。いったいどうすればそうなるのか？　なぜだ？

謎すぎて、それをどうしても知りたくなった私は、年商20億円の競合企業の役員に近づいた。

「神」のお告げ

狙いを定めた人に会うのは、成功のためのテッパンだ。私は今まで例外なく失敗したことがない。

普通に考えたらなかなか会えない人物に会おうとするとき、直接相手に突撃するのは印象が悪く、たいていしくじる。第三者の推薦、もしくは外堀を埋めるべく周辺から段階を踏む必要がある。具体的には、まずはその人が影響を受けている何らかのものを探し出すといい。

たとえばアパレルの社長なら、私はモデルに目をつけ、モデルを束ねている編集部から外堀を埋めていった。アパレル関係者と親しくなりたいなら、ファッションショーやクラブに潜入するのは常識だ。

年商20億円企業の役員Aさんに会おうと決めた私は、別のアパレル企業の取引担当者に、「Aさんって、普段どのへんにいますか?」と、Aさんがよく行くクラブと仲のよい人たちの人間関係を聞いた。すると、間接の人物Bさんと知り合いだった彼は、「じゃ、Bさんを紹介しますから、今度一緒にクラブに行きましょうよ」と誘ってくれた。

第三者の推薦が入っていれば、初対面の相手にも簡単に信用してもらえる。私は難なくAさんに会うことができ、私たちはとても気が合った。そして独立を考えていたAさんは、勤務先には内緒で私のビジネスに協力してくれることになった。私としても非常手段だ。

Aさんのビジネス理論は、私が持っていた常識とはまるで違った。私は経営資源をミックスすればうまくいくと思っていたが、Aさんの会社はマーケティングに命をかけていた。

それまでの私は広告やSEOの技術論に終始し、3000人いるメルマガ会員たちの心をどう動かすかということを一切考えていなかった。とにかく新規会員を集めなければ売上げは伸びないと思っていたが、Aさんは言った。

「新規はいらない。メルマガ会員が3000人いれば、1000万円売れる」

この考え方は私にとって、まさに神のお告げだった。カルチャーショックを受け、販売促進こそが物販や小売りのセンターピンであることにようやく気付いた私は、Aさんに作戦を立ててもらうことにした。

そして初めて、今でこそネット界でプロダクトローンチと言われる、とても強力なマーケティング手法を教わった。当時私達は、これをリリースモデルと呼んでいた。

3通のメール～プロダクトローンチ～

早速Aさんは、ある人気ブランドの社長に連絡をとり、電話1本で「7000円の福袋を100個用意してもらったから」と言った。「そんな、100個も売れないですよ!」と私が慌てると、「いや大丈夫、見てて」と言って、私のサイト・CRAZEが発信する3通のメルマガを作成した。

まず1通目。

「CRAZEでは、皆さんの日ごろのご愛顧にお応えして素晴らしい商品を用意しました。これは幻の商品で、本当に限定100個しかご用意できません」

そう布石を打ち、商品が一体何であるかについては触れない。ぼやかして期待感だけを煽る「期待感の設置」がとても大事だという。

次に2通目でそのベールをはがす。ブランド名を告知し、限定100個の商品がどんなものなのかを明らかにした。

そして3通目で、その値段が7000円であることと発売日を公開した。

私はそれまで自分のサイトのメルマガ会員に対し、商品をそのまま宣伝するメールマガジン以外、送ったことがなかった。初めて売り込みのないメールが3通届いた読者たちは、「これはいったい何だろう!?」と不思議に思い、期待感を募らせた。

発売までの期待創出期間は約1週間。「こんなんで売れるのだろうか?」という私の不安をよそに、いざ発売すると、7000円の福袋100個は開始5分で完売した。読者たちはワクワクしながら、発売の瞬間を待っていたのだ。

ものの5分で70万円の売上げがたったとき、「これは奇跡だ」と思った。単純に考えると、これをひと月に30回やれば月の売上げが2000万円超になる。

「僕のサイトにはこんな力があったんだ」

目が覚めた私は、このリリースモデルに全力を注いだ。

福袋100個が5分で完売になると、買えなかった人たちが続出した。私は「CRAZEの出す商品はガチで売れる」と知った読者に、「すぐに買わないと本当に買えなくなる」ことを悟らせ、すぐに買わなかったことを後悔させた。

そして、買った人の優越感を煽り、買えなかった人の無念さ——それこそ忘れられない恨みにも似た枯渇感を次の需要に結びつけ、2週間後に福袋の再販を決めた。

「もうあんな値段で出せないよ」と渋るメーカーの担当者にお願いして、なんとか再販モデルを作ってもらい、市場で流通していないCRAZEだけのオンリーワン商品を今度は1000個用意した。メールの内容はこうだ。

「皆さま、本当にこれでラストです。CRAZEだけのオンリーワン商品を、もう一度だけお届けします」

すると7000円の福袋1000個は約24時間で完売。その方法で、私の会社は一気に月商1000万円を突破した。

一番難しいことからやる

2007年12月に月商1000万円を達成した私は、役目を終えた「神」に相当の報酬を支払い離れた。そして、数百万円の利益を軍資金に早稲田大学構内の事務所を出て、渋谷に初めて独立オフィスを構えた。

求人情報誌で募った5人の従業員に私が覚えた方法をすべて教え、メルマガ送信や仕入れなどの会社の運営を任せた。では、私は何をしたか？

「最短で成果を出すためには、一番難しいことで自分が避けたがることをやらなければいけない」

これは私のビジネスの信条だ。当時の自分にとって一番難しかったのは、ドコモ、ａｕ、ソフトバンクの公式サイトに申請を上げて登録することだった。これは非常に難しいと言われ、ほとんどの企業は代理会社に数百万～１０００万円近い大金を払って手続きをお願いするという、プチ上場審査みたいなものだ。公式サイト登録企業、イコール、当時の成功者だった。「３キャリア公式」になると、ドコモ、ａｕ、ソフトバンクの公式メニューから無料で顧客がバンバン来る。その申請のために、私は４か月近い時間と莫大なシステム投資をかけてシステム構造を万全にした。

膨大な機種に対応できる機種端末対応、文字コードの自動変換、階層化されたページ遷移などを私が指示し、一級のプログラマーが私の指示通りに作業する。私はドコモの審査に耐えうる仕組みを作ることだけに専念し、１２００万、１３００万、１５００万と上がり続ける売上げの中から大部分を公式サイト化に投資した。

そして夏にはドコモの審査に通った。本丸のドコモが落ちると、ａｕ、ソフトバンクは本当に簡単だった。ソフトバンクの審査を通ったときには従業員も30人を超え、60坪ほどのオフィスに移転。そこから私の天下が始まった。

画面をジャックしろ〜逆転の発想〜

飛ぶ鳥を落とす勢いの私は、業界初の新しいアクションを次々と起こした。

もはやマーケティングにしか力を入れておらず、アパレルの世界でまだ普及していなかったアフィリエイトプログラムを誰よりも早く導入することにした。

その一つがアフィリエイターに対する破格の報酬設定だ。通常、アパレル企業がアフィリエイターに支払う成功報酬は5%〜10%が一般的という中、私はそのパーセンテージを30%に引き上げた。アフィリエイトサービスプロバイダ（仲介者）のマージンも合わせると、売上げの35%を支払うことになる。もとは6割で仕入れた洋服なので、物流コストなどの販管費を入れると当然赤字だ。

なぜ赤字でもそんなことをしたか。

それは、まずCRAZEが広告主として偉大であるということをアフィリエイターに周知徹底させるためだ。「あのプログラムは儲かる」という口コミはすぐに広まり、「１０９系」「CRAZE」「メンズエッグ」「メンズファッション」「お兄系」というワードで検索をかけると、CRAZEのアフィリエイターサイトの広告が画面を独占するようになった。これが顧客に対する圧倒的なブランディングとなったのだ。

初回は35％支払った報酬も、2回目からのリピーター購入では一切払わなくて済む。僕らはそこで得た新規顧客に対し、魔法のリリースモデルで商品をたくさん売り、2件目からは完全に全額利益になるのでまったく問題ないのだ。新規顧客開拓のためであれば初回の利益は投げ打つ。これが僕の基本戦略であった。

この「逆転の発想」は、孫さんがしていることと同じだ。ソフトバンクも最初に2か月無料のキャンペーンで多額の赤字を出し、その後一気に回収を図っていく。シェアをとることを何より重要視しているのだ（ちなみに、私は孫さんと性格もとてもよく似ていると言われる）。

私はポケットアフィリ、アクセストレード、アフィリエイトB、A8.net、Smart-Cなどアフィリエイト業界の大手ASPほぼ全社と契約し、CRAZEという広告主を世に知らしめた。

「画面をジャックしろ」

私の口癖だった言葉通り、ネット上の画面をアフィリエイターの広告で埋め尽くし、CRAZEは圧倒的な影響力を持った。

ネットビジネス成功の萌芽

次はSEOの多角化だ。今度はLPO（ランディングページ最適化）といって、たとえばJACKROSEというブランドで検索するとCRAZEが1位にあがり、VANQUISHで検索してもCRAZEが1位に出てくるというふうに、全ブランドですべて1位をとるために、ブランド別ページというのを作った。

トップページ以外に評価の対象となる大きなページを作り、その中にブランドごとに世界観を演出した個々のページを作る。これが大きなショッピングモール内にテナントがいくつも入っている様子を連想させて大成功。

サイトのデザインも、それまでの単調なサイトとは違ってブランドページに行くとすべてデザインが切り替わり、キャンペーン内容も商品も全部違う。そこに各ブランドごとの店舗別Twitter（店員さんがつぶやく）を設置。それが大受けし、そのページが公式サイトを抜いて軒並み1位に入ったため、膨大なトラフィックになった。

次に考え出したのが、世界初の水着ムービー配信による集客だ。グラビア誌やギャル系雑誌のモデルに水着を着せてムービーを撮り、雑誌に広告を出して「この動画を見たい人は、この

QRコードを読み取って空メールを送ってね☆」と載せる。

すると、当時大人気のモデルたちの水着ムービーを見て満足してくれたお客さんたちが、翌日からどんどん商品を買ってくれた。このムービー配信の大成功は、『men's egg』など男性ファッション誌の潜在ユーザー（立ち読みの読者や商品を買わなかったお客様）を顕在化（メールアドレス化）させた」と言われ、業界中がこぞって真似をした。

けれど僕らは以下の2点において、誰にも真似できないシステムを作っていた。

まずは、届いた空メールから読者のメールアドレスだけを抜き取って自社のメルマガ配信データベースに自動格納すること。さらにQRコードごとにフラグを立て、どの読者が誰のムービーに反応したのかをデータベース上で分類すること。そのラインごとに、モデルのサイン入りグッズや当時流行っていたポラロイドカメラ・チェキなど、効果的と思われるさまざまな特典をつけて売上げを最大化した。またQRコードをフラグ別に管理したことで、どんなコンテンツに人気があるかがすぐにわかったため、ダメなものは廃止してよいものを伸ばすというPDCAサイクルが非常に上手く機能したのだ。

これらサーバーサイドで処理するシステムを自社で開発し、メールアドレスの獲得数が業界ナンバーワンになると、セレクト系ネット通販としての売上げはCRAZEがダントツになり、業界中が私を恐れた。

以後、「QRコードを使ったフリー」は、リリースモデルと同様、私の常套手段になった。僕らはブランドロゴなどの素材を無料でもらってブランドの待ち受け画面をフラッシュで作り、ブランドの許可を得て無料で顧客に配る。待ち受け画面が動くブランドロゴになれば、メーカーは喜び、読者も喜び、僕らも喜ぶ。

フリーモデル（無料で価値あるものをプレゼントし、後に顧客化を図る手法）をいち早く導入し、その上でリリースモデルを駆使する。今ネットビジネスで成功しているFREEとローンチという手法は、偶然にもアパレル時代からやっていたのだ。

さらに私は業界に慢性的に在庫の山があることに着眼し、お兄系アウトレットというECサイトを作り、全品半額というコンセプトで業界を席巻したり、雑誌『egg』『men's egg』と独占でライセンス使用契約を締結し、men's egg アウトレットや egg store、egg OUTLET など次々とECサイトをプロデュースしていき、最盛期には15ものサイトを経営していた。

また、上手くいかなくなったブランドを在庫ごと買収してリノベーションをかけるブランド再生事業にも着手し、ピースオンマーズという人気モデルたちが作った読者モデルブランドを一千数百万円で買い取ったりもしていた。

ネット企業初の店舗展開

我が社のコンピュータシステムは、私自身はプログラミングこそ書いていないが、システム設計もフローも仕様もすべて私が指示している。財務に強く、デザインができて、システムがわかるという私の3つの背景は、今のネットビジネスにおいても私の大きな強みになっている。でもそれは、起業1年目にして5人の創業メンバーに見放されたおかげであり、振り返れば、早稲弁、早稲風呂の時代が私のフリーエージェントスタイルの原点を作っている。

2008年12月に月商5000万円になったとき、私は「渋谷マークシティに移転する」と高らかに宣言した。翌年の1月から動き始め、審査や工事などさまざまな手順を踏んで実際に移転したのは2009年9月のことだ。

2008年10月からは自社ブランドの開発に入り、アメリカの一流画家にデザインをお願いしたバルフェ・アンプルールは、ギャル男の世界で一世を風靡するアパレルブランドとなった。CRAZEはバルフェほか多くの人気ブランドを扱うECサイトとして10代の男の子たちから絶大な支持を得た。

当時、業界をのみこむ勢いで成長していたCRAZEを、私はインターネットだけで終わらせたくなかった。

「店舗を出す」

そう覚悟を決めて109にプレゼンに行くと、「キミみたいな人を求めていた」と歓迎され、ネット企業初の店舗として認められた。そして新オフィスに移転したのと同じ9月の18日、IT企業として初の109への出店を自分たちだけの力で果たした。

ショップではバルフェ・アンプルールをCRAZEのメイン商品として展開し、事業は複合化。ただのネット小売がインターネット製造小売になり、ネット製造小売が店舗も出して、総合製造小売となり、以後、オリジナル商品もどんどん企画するようになった。このフラッグシップショップとCRAZEのECサイトだけは、会社が潰れるその瞬間までずっと黒字を出し続けてうまくいっていた。

2009年はもう完璧だと思った。売上げは、2009年1月のひと月だけで5000万円。その年の12月には月の売上げが1億5000万円を超えていたからだ。ベンチャー仲間の間でも当時の売上げは群を抜いていた。上場を視野に入れて、監査法人トーマツと監査契約を締結し、みずほインベスターズ証券に主幹事の依頼をしたのもこの頃である。

私が道を誤ったのはそれからだ。

暗転

2009年12月、1か月だけで2000万円の利益を確信した私は、それを元手にショップの全国展開を決断。大幅な人員増員を考えていた2009年11月17日、業界でナンバーワンの実績を持つアパレル会社のブランド長・N氏から、「雑魚を20人雇うんだったら、俺1人を雇わない？」と言われ、2週間熟慮の上、12月から強力な戦力として彼を迎えることにした。

N氏は私にとって4年来の尊敬する先輩で、ブランド戦略を外したことがないと言われていた。マネジメント手腕には絶対の信頼を置いていた。「給料は、今もらってるのと同じ月100万がいい、だけど最初だから月60万からスタートで春の企画が当たれば100万にしてくれればいい」という提示も無条件でのみ、2009年12月1日から雇い入れた。

そこからすべてがおかしくなった。

N氏はまず、ブランドを作るために必要なものを列挙した。1体10万～20万円するマネキンを数十体、新たな物流に対応するためのPOSシステム、全事業で品番を統一するためのタグの集中管理システム、倉庫の移転、ハンディスキャナ、1回500万円以上する雑誌のタイアップ広告、新ブランドの製造、CRAZE店舗の名称や看板変更、内装リニューアル、そして人材。

物流システムはN氏に紹介された企業のシステムをすべて買い、N氏の前の会社と同様のシステムに。人材もN氏が古巣から高給取りの人たちを10人近く引き抜き、人件費は月次の給与で500万円近く膨れ上がった。前記に掲げたN氏の戦略にかかった総費用は1億円をゆうに上回った。私は彼を崇拝しすぎていた。

当時の従業員数は100人ちょうど。よくある流れとして、社内に派閥が生まれ始めた。N氏一派の10名はプライドが高く、「お前らは出てくるな。社長に恥かかせるな」などと言ってCRAZEの古い社員たちをバカにする。何かと立てられる私は気分は悪くなかったが、皆が内部でケンカをするようになった。


やがてCRAZEやアウトレット事業で最も功績のあった女性幹部社員のAさんが泣きながら訴えをしてきた。

「会社の根底を支えているのはEC（ネット通販）なのに、N氏一派は『ネット事業はブランドの事業の傘下だ』みたいな言い方で好き勝手なことをやる」

「途中で入ってきたのに役員だなんて納得できないし、言ってることもおかしい」

「与沢さん、このままだとエスラグは潰れます。N氏が辞めないなら私は辞めます」と泣いて訴えられたときも、私は「いや、俺はこの道に進む」といって聞き入れず、辞めていく彼女を止めなかった。

そんなことが続出して戦力は削減。けれど私は、それを成長の痛みだと思い込んでいた。それまでも自分は別れによって成長し、会社が成長するとき、古い人間はついてこられなくなるという認識があった。

ここで古い社員たちと離れなければ、自分は成長できないんじゃないか。年商が10億を超えて30億を目指す今、もうこの子たちじゃついてこられない。そう誤解していた。それによって本業のネット通販がおろそかになり、ネットが揺らいで横ばいになり始め、徐々に下がり始めた。

成長の痛みで古巣が離れることがある。本当に能力の問題でついてこられなくなっているのか、そうではなくて社長の方針が間違っているのか、どの企業でも起こる普遍的な問題であるが、これは非常に難しい課題であると思う。実際に私は古巣と離れて成長したことが何度もあるし、このように古巣が離れて失敗したこともある。だから、唯一の解答というものはないけれど、一つ言えることは、古巣の社員の声を真摯《しんし》に聞く姿勢が必要だ。その上で社長は自分自身で意思決定を行い、己の志を全うしなければならない。その先にある失敗や成功はすべて自分のものだ。

転落

ネット通販が横ばいになってしまった状況下でも、「今はブランドが育つ」という考えで、展示会を開催し自社3ブランドを全国の小売店に売る卸事業と、渋谷の2店舗目、池袋2店舗、福岡、名古屋、上海の6店舗同時出店に向けて動いていた。元々あった渋谷の1店舗は内装をフルリニューアルしてブランド名もCRAZEからDISREVに名称変更したため、実質的には同時に7店舗をオープンしたような状態であった。

そんな中、ブランドチームがしくじった。N氏が「卸売で5000万円の受注をつける」と約束して上代で約1億円の商品を作ったはいいが、ふたを開けると900万円しか売れずに在庫の山ができた。

これぐらいの金額ならば乗り越えられた。次に、ギャル系雑誌の『egg』と独占的な業務提携契約を結び、業界初の雑誌を巻き込んだリアルショップ「egg store」を池袋サンシャインシティALTAにオープン。

eggの名前を初めて僕らが独占的に借りてリアル店舗へとプロデュースをしたそのお店は、販売員が雑誌モデル。店に行くとモデルたちと写真が撮れることも話題を呼び、テレビ情報番組『王様のブランチ』をはじめ取材が殺到。オープン当初は大ブレイクした。けれどその後が続かず、尻すぼみに。最初は華々しかった名古屋サンシャイン栄のメンズもすぐに赤字を出した。

店舗はフラッグシップショップだけにとどめておけばよかったものを、欲をかいたのがいけなかった。それでも赤字ぐらいならまだよかった。

決定的によくなかったのは、N氏が私に何の断りもなく、勝手に1億を超える商品を作っていたことだ。しかもN氏が自分で経営する会社に発注し、相場の2倍の価格で納品されていた。店舗スタッフもほとんどがN氏が連れてきたメンバーで、店舗から直接、N氏の会社に発注書が流され、我々の大きな販路である7店舗中、5店舗にはN氏が社長を務める会社のブランドが並んだ。私達のECサイトや店舗の販路は、N氏が画策するN氏の会社の販路拡大にいつのまにか利用されていた。

渡された請求書通りに支払っていた経理がある日、「社長、お金が全然足らないです」と言う。そこで初めて請求書を見て事実に気付いた私が「これは払ったの?」と聞くと、「もう払っちゃいました」という。その時点でN氏の会社にはOEMや彼のブランドの仕入れを含めて既に5000万円以上の支払いを終えていた。

そんなとき、N氏が元いた会社の社長から私宛に手紙が届いた。実はN氏は横領・背任で2

009年11月17日にそのブランド会社をクビになっていた。給料も、その会社でもらっていた額は50万円。それを私に「100万円もらっている」と言って月給60万円以上を出させたわけだ。採用当初に彼が言ったことは全くの嘘である。その手紙の中のN氏はとてもグレーな人物だった。

アパレル業界には危ない人間が大勢いることを知ってはいたが、N氏を信頼しきっていた私は彼の本当の姿を見抜けなかった。私はすぐにN氏をクビにし、決別した。

社内の状況はそこから一気に崩れた。

POSシステム、物流システム、タグの新しいシステム、マネキン、内装什器、開店時の店舗投資、さまざまな人件費。それらの支払いがすべて6月末~8月末に集中し、完全にキャッシュ・ショートすることが6月上旬の時点で初めてわかった。

1億円超の不足額を6月の売上げで回収できるといったんは信じたが、それでもやはり難しいことがわかり、責任を自覚しているブランドチームの大部分を6月に解雇した。N氏の傘下であるブランドチームは、製造量や単価などのやりとりが裏で行われていたときに実は真相に気付きながら、勝手に黙認していたのである。我々正式な役員一同は全く何も聞かされていなかったばかりか、取引に本来必要な発注印、承認印がなく、それだけ大きな取引にもかかわらず個別の契約書もなかったのである。それからぐだぐだと残ろうとした人間も数名いたが、8月には店舗スタッフを残しブランドチームには全員に辞めてもらった。

死守

こう書いてくると彼らがすべて悪いように思えてしまうかもしれないが、もちろん、全責任は私にある。完全なトップダウン経営で社内で私に意見できる人間はほとんどおらず、私の意向に反する提言が仮にあったとしてもほとんどの場合で聞き入れなかった。

27歳で年商10億、渋谷マークシティにオフィスがあり、日経新聞や日流eコマースなどあらゆる業界誌から取材依頼が絶えない。周囲にチヤホヤされ「自分が熟慮した意思決定は常に正しい」と思い込んでいた、その驕《おご》りが原因である。

会社は2010年6月末にキャッシュ・ショートした。体制を立て直すためにメインバンク三井住友銀行から新規で3000万円を借り、払えるだけはとにかく払った。会社を潰す気はさらさらなく、「死ぬ気で守る」と思っていた。

社内でも本体のリストラを行い、ちょっとでも赤字が出ている先行投資中の事業もすべて停止。利益が出ている4つか5つのサイトに運営を限定し、店舗も渋谷109の売れているフラッグシップショップを除いて9月までに全店撤退した。

撤退を決めてから実際に閉店するまでの数か月間は、ブランド管理者がおらず素人ながらに各地の店舗を管理したが、本社の人間がそう頻繁に福岡や名古屋に出向くわけにもいかない。制御がきかず、一部では万引きの報告もあったりと大変で、ずっと赤字を出し続けた。

さまざまな更正策をほどこしたものの、月の売上げは一気に1億5000万円から8000万円、そして5000万円に落ち込んだ。

とにかくばらばらになった指示系統を一つに戻し、私を中心にした元の体制に立て直そうと必死に動いた。6月~8月にキャッシュ・ショートした際には乗り込んでくる人たちもいたが、役員と共に頭を下げて理解を得て、先方をなだめながら長期分割債務の合意書を当事者間で交わし、当社に対する期限到来の債権を持つ全社と契約をまき直した。エスラグジュールが破産宣告しても彼らにメリットはないため、理を説いてなんとか債権者破産宣告を回避した。

この経験を経て、私は心臓に毛がはえたかのように図太い精神力を手に入れた。しかしそれでも、その後、会社を存続させた1年間は本当に苦しい地獄の日々が続いた。今この文章を書きながらも当時のことが走馬灯のように駆け巡る。

無力

2010年6月からの数か月間は、10代で牢獄に入ったときよりも、受験勉強に心血を注いだ日々よりも、創業初年度にメンバーが辞めて消費者金融でお金を借りたときよりも精神的に追い詰められた。メインバンクからお金を借りても、その分割支払いが翌月から始まる。財務諸表を逆さに読んでも斜めに読んでも、光の道が見えない。目の前が真っ暗になったその瞬間、私は動く意志とエネルギーを喪失し、ある3日間は本当に立ち上がれなかった。初めて自殺も考えた。

たとえこの窮地を乗り切ったとしても、法人には3億もの負債があり、自分は既に1億5000万円の連帯保証を組んでいる。その借金を返すには、一体何年かかるんだ？　年間に500万円ずつ返しても30年かかる。もし会社が潰れて給料がなくなれば、個人で月50万も返済できるのだろうか？

私は社長として月に200万円の給料をもらっていたが、ブランド事業の失敗で自ら減給した。自分はこの会社にお金と人生のすべてをかけすぎたと初めて思った。この会社が消滅したら、今までの6年間の営みは露となって消える。私は倒産社長の汚名をきて信用を失い、世の中に恥をさらすだけだ。

社員や取引先、友人の経営者たち。彼らの期待を裏切り顔向けできなくなった今、もう渋谷は歩けない。再起を図ろうと思っても、再就職は考えられなかった。就職するぐらいなら死んだほうがいい。

「俺はただ〝社長〟としていきがってただけで、本当は無力なんじゃないか？」

そう思い、自分が個人として無力なのかどうか、一人で稼ぐ力があるのかを強烈に意識するようになった。


4日目にようやく体を起こしたものの、思考は現実逃避するばかり。最悪のシナリオとして自己破産してもいい、実家に帰ってまた一人で再起を図ればいい、周囲のすべての人がいなくなってもいい、とことんダメになってもいいじゃないか、と思えたとき、初めてそこから這い上がる自分がイメージできるようになった。

今できることとして、まず、給料が少なくなることを想定して家賃の安い部屋に移り住むことを考えた。そして、今も付き合っている彼女「山田るり子」に「よくない状態だから離れてもらってかまわない」と話し、両親や祖母にも事実を率直に伝えるようにした。

それまでは会社を大きく見せたり、カリスマ性を演出したりと、プライドが高い自分がいたが、それをやめて恥をかいてでも、再起に向けて動きだした。

実際にそこからいつものエネルギーを取り戻すには1か月近くかかったと思う。その過程で希望の光が見えたため、住居はダウングレードせずに、当時いたミッドタウン・レジデンシィズの22階の部屋と同じぐらいの家賃で広さ110平米ほどの六本木ヒルズB棟の32階に引っ越した。すべての思い出が詰まりすぎたミッドタウンには、あのときの感情では、もういられなかった。

本当の幸せ

六本木ヒルズに引っ越すと、すべてが変わった。

徐々に回復する私の傍にいてくれたのは、るり子だ。束縛を嫌う私は同棲経験がなかったが、初めて彼女と一緒に住み、家事をしてもらったり食事を毎日作ってもらい、一緒に買った犬とともに3人（2人＋1匹）でごはんを食べた。

それまでの私は修羅のように、「売ってなんぼ、売らないやつは不要だ！」と、会社の売上げしか頭にない企業戦士だった。それが彼女と暮らし、犬と戯れて和む暮らしの中で、こんな生活もいいものだということに気付き始めた。6年間ほぼ音信不通でいた母親を初めて家に招いたのもこのときだ。

「俺は何のためにビジネスを始めたんだっけ？　自分の幸せって何だったんだろう」

もとは自分が自由になりたかったからであり、お金持ちになりたかったからビジネスを始めた。それが出資を受けたことによって上場が目的化。幸せになろうと思って会社を作ったはずが、いつしか会社を育てること自体が目的になり、会社を通じて幸せを感じることに興味はなくなっていた。

本当の幸せは、まず自分を幸せにすることだ。そして、自分を満杯まで幸せにした人が、次に自分のパートナーや配偶者、子どもや親を幸せにすることができる。

そんな意識が初めて芽生え、価値観が激変した。

その後また稼げるようになると、私は親に仕送りをするようになった。うちは両親ともに働いているし、収入も高いほうなので仕送りなど考えたこともなかったが、最終的には両親が私を見捨てないでいてくれたから今の私がある。

彼女に対しても、私は「女に出す金は死に金。女にはびた一文使わない」と決めており、付き合う女性に何も買ってあげたことがなかった。そのくせ自分の誕生日だけは相手からプレゼントをもらってやるという、まるで極悪の帝王のような最悪な男だった。

それも今は、彼女に「これで服買いなよ」と月30万のお小遣いを渡し、一緒に店に出かけてエルメスのバーキンやメルセデスベンツ、カルティエの指輪にシャネルの時計やバッグと、プレゼントを買ってあげたりできるようになった。先日は知人のデヴィ夫人と会食し、夫人がデザインしたダイヤの指輪を買ってプレゼントした。それは貢いでいるわけではなく、それで彼女が喜んでくれたり幸せな気分になって、日頃の貢献に対して均衡がとれるならいいと自然に思えるようになったのだ。

女は若さと美貌と愛を価値提供し、男はその愛に応えながら女の人生そのものを買う。語弊はあるかもしれないが、率直な私の恋愛観である。私達にはたっぷりの愛情と充実があり、このまま一緒に歳を重ねていければいいと思っている。私は恋人を死ぬまで美しくいさせてあげたい。そのためにお金をかけるのは尊いことだと思っている。

心身が浄化され、生まれ変わった私は、２０１０年9月3日、六本木ヒルズを拠点に彼女と二人で新会社 Rajuri を設立した。二人の幸せがあってもいいのではないかと思うようになっていた。

個人で年収1億を稼ぐ

もともと志が高い人間がどん底まで堕ちたあと這い上がる、反動のエネルギーはすごい。私はさまざまな本を読み、「個人名を売る」というテーマの先にどんなビジネスプランがあるのかを全力で探った。

9月にネット起業家の本を読んで情報ビジネスに出合ったときは、「この平凡そうな人が個人で年収5000万稼ぐ？　本当か？」と最初は思った。けれど、その内容を知るにつれ、自分よりはるかに効率よく稼ぐ方法を編み出しているすごさに気付き、ぐいぐいその世界に引き込まれた。

まず私が着眼したのがブログだ。「ブログで常識を超える成果を出す」と決めて本気でブログを書き始め、2つの会社の経営とセミナー開催を同時進行させた。

本心を言えば、2010年秋の段階で「エスラグジュールは潰れる可能性がある」と思っていた。それまでに自分に完璧に実力をつけ、個人で年収1億円を稼げる男になると決めていた。やるべきことは、自己投資と研究だ。会社は営業時間内で最大限に経営しようと割り切った。

まもなく、ブログは一気に1日数万人が見るパワーブログに成長し、ブログの更新だけで月に最大８００万円の収入が得られるようになった。セミナーを開けば、常時数百人が集まる。そこで、Rajuriの人材をブログで募集したところ１５０人の応募があり、その中から30人の弟子を成果報酬のみの基本給ゼロで雇った。これが今の私の会社フリーエージェントスタイルの前身だ。

Rajuriでは、ヒルズやクラブ会場などでパーティーをするイベント事業とセミナー事業、アパレル事業を始めた。アパレルといっても、すでに下火になっていたギャル系ではなく、お姉系と呼ばれる女子大生・ＯＬ市場をとりにいく。在庫を持たずに展示会をやり、展示会で堅実にオーダーをつけて販売した。

ラ・トゥール新宿の最上階のペントハウスをセカンドハウスとして借り、大理石張りの宮殿みたいな部屋でアパレルの展示会をやると、若い読者モデルや20代女性たちが大勢押しかけ、大量に洋服のオーダーをとることができた。

在庫を持たず、いかにリスクを減らすか。新会社で新しい仕組みと新しいビジネスモデルを次々と試す中で、フリーエージェントビジネスの条件が自分の中で固まっていった。

どの事業も成果を出し、売上げもどんどん伸びた。２０１１年2月にその資金で六本木ヒルズのB棟から家賃１６０万円のC棟に移ると、私の名前は一気に売れた。C棟28階以上はコンラン＆パートナーズが内装をデザインする、本当のお金持ちが住むエリアだ。そこでパーティーをして人を集め、人脈を広げて情報系の新たなネットワークを築いた。

ほかにも、情報商品をＥＣサイトで売ることを思いつき、それをエスラグジュールとジョイントさせるなど、数えきれないほどの新しいビジネスモデルを生み出した。アフィリエイトにはまだ本格参入していなかったが、Rajuriは順風満帆に成長を続けた。

ブログで月８００万稼ぐ

２０１０年10月からの約1年間は、まさにブログとともに生きた1年だった。

個人のブログで常識を超える成果を出すために、私はテクニカルな技術を多用した。そのひとつが、読者が私のブログを紹介するように仕向ける意図的バズマーケティングだ。

まず、皆が欲しがるであろう情報を、有料でも売れるレベルの商品として用意する。そして、「これが欲しい方は、この記事を自分のブログにコピペしてください」と書いてコピペしてもらう。そこには私の自己紹介とブログのＵＲＬが載っている。

この方式で、私は最初に『普通の人がお金持ちになるための7つの魔法』という成功者の7つの習慣をまとめ、「これが欲しい方は～」と書いた。すると１０００人のブロガーが私のブログの紹介と引き換えにその特典を受け取り、PVがはね上がった。

そのときから私は、たった一人の個人の力をどれだけ多く借りられるかが重要であることに気付いていた。

誰がやろうと、自分の力だけでブログのPVを伸ばしたり、メルマガの読者を増やすのは無理だ。それは成功者のブログやメルマガを分析すればわかる。芸能人ブログも多くのファンに支持されて、多くの人がリンクをはって紹介しているのが成功の要因だ。だから、私もそれを真似たのだ。成功している事例をつぶさに見れば、何が本質なのかがわかる。

ほかにも、受講者150人を六本木ヒルズに集めて受講費3万円のセミナーを行ったり、ブログ上で自分の文章を電子出版物のようにして販売した。『成功するためのたった2つの条件』『フェラーリを20代で買うための7つのステップ』など、実体験に基づくノウハウを興味深いエピソードを交えて1500円程度で販売すると、面白いように売れた。

ブログで集まった人を六本木ヒルズに招き、クリスマスパーティーなどを開いてパーティー収益を得るのもビジネスのひとつ。ブログ上でコンサル案件を募集したり、DVDを販売したり、展示会の集客をしたり、アフィリエイトも含め、だいたい8つのビジネスモデルを組み合わせて、ブログを起点にそこに集まる人たちに対し、個人でできる商売を積み重ねていった。

それによって小さな会社と同じくらいの収益を得た。「個人でもこんなにできるんだ」という実感が私にとって大きな成功体験になり、十分戦える自信がついた。私の力は通用することを確信した。

倒産社長、誕生

そんな中、存続していたエスラグジュールの月次の利益が2011年7月にようやく黒字になった。「これでもう大丈夫」と思った8月、今度はエスラグジュールの債権者T社が倒産した。

T社とは正式な長期分割債務の契約ではなく、口約束レベルで支払いを待ってもらっていただけ。つまり、T社所有の期限が到来している債権は、当然、僕らに対する請求債権だ。それを名目に、破産管財人が裁判所を通じ、エスラグジュールの佐川急便に対するネット通販の代引き売上金を差し押さえてきた。

「御社とは、もう信用取引（掛けの取引）ができない」

そう言われ、信用不安が起こった。エスラグジュールの売上げはネット通販の代引き金が90

%以上を占めており、僕らは息の根を止められた。前金で払えるほどの資金はなく、さらに、現在掛けとなっている期限未到来のものも含めてすべて一括支払いをしてからでないと出荷ができない旨を通達された。

すると今度は運送会社が、商品を預けている倉庫業者が売掛金を一括支払いしてくれない場合、荷造り作業はできないと言ってきた。佐川急便とつながっている倉庫は連鎖的に業務を停止し、「商品を返してください、自分たちの会社から出荷します」と言うと、「商事留置権を行使します。倉庫の売掛金も現金一括で今清算しなければ商品は返せない」とにべもない状況。商品がなくなり、物流機能も停止して、エスラグジュールは完全に無力の通販会社と化した。何もできないのである。

「ついにそのときが来たか」

そう思いはしたが、時期的には想定より早く、せっかく黒字転換したのに今潰すのは本当に惜しい。3日間役員とも話し合い、最終的には1人で悩んだ結果、発行済み株式の75%を持つオーナーである私の決断で2011年8月22日をもって会社を解散することに決めた。

社員たちからすれば、その決断は無責任と映ったかもしれない。社長が借金してでもこの会社を生きながらえさせてほしいと思っただろう。しかしこれ以上連帯保証額を増やしても、もう私にメリットはない。それどころか私のほうこそこのまま継続すれば命はない。役員や社員たちは解散すればすぐに再出発できる。そうさせるために誰にも連帯保証のリスクを負わせなかったのだ。道連れだけは嫌だった。

「給料は3か月間だけ半分になるけど、4か月目から給料を戻して、減った分もすべて後で支払う。だから全員Rajuriに行こう」

そう言ったが、業態や人材が全く異なるRajuriについてくる者はおらず、全員が辞任届を提出。後で聞いた話によると、「与沢は疫病神だから離れたほうがいい」などと言って役員の一人が私の彼女まで説得していたというのだ。結果、ついてくると言っていた一人の役員までもが丸め込まれて、解散当日に辞任届を残していった。すべての社員・役員が辞めていくのを見届けて、私は100坪近くあるだだっ広いマークシティのオフィスで一人黙々と清算作業を続けた。最後の最後で辞めることを決断したS君は今どうしているのだろうか?

もしあのとき全員がついてきていたら、みんなで今の成功を分かちあえたのに。なぜ自分個人で決断をせずに、みんなで集まって集団の意思決定をしてしまったのか?

今となっては、もう何も意味をなさない。もちろん私のような破天荒な起業家と人生を共にすれば命を消耗しかねないので、ある意味それは彼らにとっては正解だったのかもしれないが。

みんなは私のことを最後まで責めた。無責任である、と。もちろんそうだと思う。だが、私は、6年間増える負債があっても、誰ひとりとして連帯保証を絶対にさせなかった。それはリスクを限定し、成功があれば、それだけを共有させてやりたかったからだ。その夢が潰《つい》えたとき、私にできる筋の通し方は、役員に次のステージを用意してやること。そして社員の皆を自由に解放してやり再出発をさせることだ。だから多額の借金と共に私だけが一人で倒産の処理に臨むことを望んだ。全責任は私一人にあるからだ。

しかし、内部の人間が私の権利を取り返せないレベルで誹謗中傷するブログを立ち上げ、アメブロのペタ機能を付けて拡散した。それはもはや誹謗中傷のレベルではなく、架空の事実を作り上げ詐欺師に陥れようとするものであった。おかげで業界では、「与沢はベンチャーキャピタルの金を使いこんで会社を倒産させたため、逮捕される」などという事実無根の噂が蔓延。

だが当社には監査法人トーマツの会計監査が入っており、決算も給与支払いもすべてクリアしている。ベンチャーキャピタルの金を使い込んだことなどは一度もなく、車や家、すべての契約を個人で行っていた。月の経費もほとんど使っていない状況である。20代になってからというもの、犯罪や悪いことを一度もしていないことに絶対の自信があった私は、自分が逮捕されないことを誰よりも知っていたのである。

今あるもので勝負する

エスラグジュール閉鎖後の8月23日、誰もいないオフィスに行き、債権者に見つからぬよう社長室の鍵をかけ、私はひたすらに考えた。A4の用紙に手書きで「これからの戦略」と題し、今あるもの（経営資源）をすべて書き出した。

お金と人材（部下）はゼロになった。商品や財物も売却して管財人に渡すのでゼロ。ほとんど何も残っていないが、唯一自分には、経験とノウハウと知識があった。会社は消滅したけれど、この6年間の経験は全くなくなっていない。

さらに、社長時代に行った5つのセミナー動画（DVD）とパワーポイントにして2000枚分のセミナーテキストがあった。それから一人、スーパーアフィリエイター・K氏と連絡が取れる程度の関係があった。

「今あるものを組み合わせてビジネスをやる」というのは、自分の中の鉄則だ。今ないものを欲しがったり嘆いても何も変わらない。どんな成功者も目の前にあるものを生かして成功したのだから、自分も今あるもので勝負しなければ。

それらを組み合わせて考えた結果、私は自分が過去行ったセミナーのテキストを、K氏ほか力のあるアフィリエイターにばら撒いていただくことを思いついた。アフィリエイト業界には、トップのアフィリエイターが動くと、その動向をチェックしている他のアフィリエイターが一気に動くという特徴がある。

次のアクションのために、本丸であるK氏を押さえることは絶対に重要だ。私はアフィリエイトセンターを構築し、知恵を使ってK氏に動いてもらい、情報を流してもらうことに成功した。

その際、1件獲得につき600円の報酬を支払った。つまり、リスト（メールアドレス）を1万件取ると600万円、7万件取ると4200万円の費用がかかる。しかしこれも戦略のうち。私はセンターの支払いサイクルを「75日サイクル」という非常に長いものに設定し、最短75日から最長で105日間程度の支払い猶予を設けて広告活動を始めた。このとき私は一文なしであった。この話をすると皆驚くのであるが、月1億5000万の月商を上げていた経営者の私にとって。買掛金の支払いサイクルを利用して資金調達を行うことはもはや常識であった。

結果、1週間で3万人のメールアドレスリストが集まった。PDFでテキストを見た人は、これまで3万円で開催していたセミナーテキストを無料でもらえたことをとても喜び、内容の濃さやレベルの高さに「感動した」と多くの声を寄せてくれた。私は広告費はこの顧客リストから回収すると決め、さらに力を入れて1か月半程度で7万のリストを獲得。金を持ってもいないのに、4000万円を先行投資した。

復活、そして快進撃

巨額の先行投資を前に、「ネットビジネスで最も難しいこと」として、私は2つのチャレンジをすることにした。1つ目は塾を作ること。

フリーエージェントの概念を説いた9つの動画を撮り、フリーエージェントビジネスマニュアルという手引書とともに登録した3万人に無料で配布した。

フリーエージェントビジネスにはどんな分野があるのかなどを体系的に説明したその動画は、今も「すごくよかった」と絶賛されるほど評価が高く、多くのファンを獲得。その動画の成功により、フリーエージェントビジネスについてより具体的に指導する受講料30万円のフリーエージェントクラブに170人が入塾。5100万円を難なく回収し、広告費を全額現金で返済することができた。

もうひとつは、最先端分野のオプトインアフィリエイトでナンバーワンをとることだ。

アフィリエイトというビジネスモデルは、ネット上でいう販売代理店、簡単にいえばメーカー（もしくは販売者）にお客様を紹介する紹介業で、成功報酬型広告とも呼ばれる。たとえばあなたがある企業の商品を販売したら、その企業からあなたに成功報酬が支払われる仕組みだ。物があふれ供給過剰な今、お客様を探してくること自体がビジネスの価値になっている。

オプトインアフィリエイトは資料請求型といって、お客様を紹介して新規のメールアドレスが一件登録されると、成約するしないにかかわらず報酬が支払われる。商品を売ってそのマージンをもらうのではなく、読者が資料請求（もしくは特典請求）することに対して成果が得られるので、アフィリエイターが稼ぎやすいと言われていた。

事業参入の際、圧倒的大企業や強者がいるところには入るべきではないというのも、私が意識するポイントのひとつだ。このオプトインアフィリエイトの分野は新市場でニーズはあるが、まだ確たる1位が決まっていなかった。

私は、アフィリエイターランキングに実名で名前を出し、数十種ある業界のキャンペーンで一気に1位を独占するという戦略通り、オプトインアフィリエイトで9月に500万円、10月には1500万円を稼ぎ、オプトインアフィリエイターとして日本一になった。

各種キャンペーンの9割で1位を獲得すると、「販売力のある人物」として業界から注目され、「与沢さん、特単（特別単価）をつけますからこれを売ってください」とアフィリエイトの仕事が殺到。20万円の情報プログラムなど、高額商品のアフィリエイト依頼も特別単価で次々と舞い込むようになった。

10月末に初めて20万円のプログラムを自分のリストに紹介したときは、9万円の報酬で130人が購入し、1170万円の副収入を加算。通常の倍の報酬で仕事をしながら、読者の方々に「与沢翼はナンバーワンアフィリエイター」という印象を与えることができたのはそれらのおかげだ。

「与沢翼のノウハウを塾化させたい」と情報プログラムの日本一のプロデューサーで現在では親友ともなっている起業家2人からも声がかかり、のちに与沢塾で総合計で4億円を売ることになる人脈ができたのもこのときだ。

フリーエージェントクラブの売上げとアフィリエイト報酬を合わせると年末の収入は月間で7000万円になり、4200万円の広告費を支払うときにはすでに数千万円の利益が出ていた。その上私は最強のリストをコストをかけずにある意味無料で手に入れたのである。

私が他のVIPアフィリエイターと違うのは、その後現在に至るまで、広告を一度もやめていないことだ。多くの人は、年に1、2回、数百万から1000万円かけてキャンペーンを行う。けれど私の考えは違う。顧客リストは会社の血流であり基礎体力だ。食事中だろうがトイレにいようが常時活性化させる必要があり、寝ても覚めても新規獲得、3度の飯よりリストなのだ。自分にそう言い聞かせ、常に報酬をばら撒いては広告キャンペーンを間断なく行っている。

その過程で私は、業界初の優れた回収モデルも編み出した。

まず、Aさんというアフィリエイターがお客様Bさんを紹介してくれると、僕らはAさんに対して500円のオプトイン広告費を支払う。すると僕らは概念的に500円の負債を背負うわけだが、私はBさんがアドレスを登録した瞬間に、自動返信メールの中に他の案件のオプトインアフィリエイトを多数紹介。つまり自分のキャンペーンで登録させ、費用が発生した直後に他人の案件で回収し、利益まで出すという、回収期間と利益化が数秒で行われる世界一効率のよい広告を出し続けた。

2回目以降もオプトインメールをステップ化しておいて、全額利益として回収する。非常にシンプルなこのモデルは、その後業界で皆が真似たが、私はこれらによって鉄壁の会社売上げ利益を確保。これでほぼ復活を遂げ、快進撃を続けた。

第4章 成功ノウハウ

本丸を動かせばすべて動く

私は極めて戦略的にアフィリエイト界に参入し、たった半年で月収1億円を稼ぐことに成功した。私の実績が証明するように、アフィリエイトは実に素晴らしいビジネスモデルだ。しかし稼ぐためのノウハウは蔓延し、新規参入者が跡を絶たないため、初心者が参入するには難しい業界となっている。ではそんな現状でもなお、確実に稼ぐにはどうすればいいのか？

それは新たなスパイスを加えることだ。

iPhoneが既存のポータブルミュージックプレイヤーに先進的な「デザイン」をスパイスとして加えることで世界ナンバーワンのシェアを誇ったように、私は「メルマガ・アフィリの時代はもう終わった」と言われる中、「リスト取り」と「リスト教育」を極めることで業界のスタンダードを塗り替えた。

リスト取りに関しては、「本丸を動かせばすべて動く」の方式で、キーパーソンである業界ナンバーワンのスーパーアフィリエイターに動いてもらうことで雪だるま方式に獲得。

リスト教育というのは、顧客を完全に感化させること、悪い言葉で言えば洗脳だ。同年代からは「自分と与沢さんは同世代なのに、ここまで差があるのは非常に悔しい。僕もがんばりたい」と言われ、ご年配の世代には「与沢君は日本のリーダーになれる。僕は未来をあなたに託すよ」などと言ってもらえれば、影響力の行使が奏功しているといえるだろう。

ほかにも、「他のメルマガをすべて解除して、与沢さんのメルマガだけにした」「仕事を辞めて与沢さんについていきたい」などと言わせられれば合格だ。

私は知識、教養、経験を元に読者にそこまでの忠誠心を抱かせるような濃いメッセージを発信しており、「動画を見させたら勝ち、与沢さんに話をさせたら勝ち。与沢さんのセールスは神がかっていて、そこが他の情報起業家と私の違いだ」と業界トップの友人たちは口を揃えて言ってくれる。

マーケットインとプロダクトアウト

もうひとつは、多くの人がマーケットインというタイプの市場にあわせた商品作りを行う中、私はプロダクトアウトという市場を完全に無視したやり方を一貫している。

読者が今何を思い、何に悩み困っているかをコメントで対話しながら聞き出し、それに合わせた商品を作るマーケットインは帝王学であり、私も「与沢塾」では取り入れた。けれど本当のところ、私は読者のニーズをくむところに確信性はないと思っている。

プロダクトアウトは当てるのが難しく、時代に逆行するかのようだが、私はコンセプトやメッセージはとにかく自分の中からひねり出す。フリーエージェントもそのひとつであり、勝負はそれをいかに浸透させていくかだ。だからこそインパクトがあり、自分の登場を劇的に演出することができる。

双方を比べれば、皆が求めていない分、プロダクトアウトのほうが難易度が高い。それを担保していくには、歴史の知識や大局を見極める先見性が必要だ。それらの知識で理論武装し、どんな主張もきちんと筋の通った誰もが理解できる話にする点にはとても注意している。

そして商談でも動画を撮る際も、私は意味をなさない文脈は口にせず、コンセプトのある言葉だけを話す。「つまらないことは話さない」を信条に、徹底的に無駄をそぎ落とすことを決めている。

空白のポジションを探す

ほかにもいくつか大切な要素がある。そのひとつが差別化だ。

大きく稼ぎたければ、市場の中で空いているポジションを確認することは必須だ。成功者の真似をするのは守破離《しゅはり》の精神で考えればとてもよいことだが、真似し続けるにも限度がある。

たとえば、あるスーパーアフィリエイターの方のメルマガを真似ている人たちは、ヘッダーやフッター、テーマの打ち出し方や文章の流れ、接続詞の使い方やですます調の体裁まで、一見、その方の書き方にそっくりだ。けれどその中に、ご本人を越えていく人はそうそういない。

私は市場の中で誰かに追随するのは、その時点ですでに2番手を確信することであり、誰かの真似を貫いてトップの人を越えることは基本的に無理だと考えている。前提条件によっては誰かを模倣する場合もあるが、それも最初のわずかな期間だけであって、２０１１年秋の時点で私にはある程度の実績がついており、そこで私がすべきことはトップの方の猿真似、追随ではもうなかった。

そうなったとき、空いているポジションを探してすぐに気付いたのは、「本音を言う人がいない」ことだった。情報系であれば、複数の講義を聴いたり電子コンテンツを読んでも金の欲望を刺激して煽る論理パターンや文章構成、決まり文句がどれも似通っているし、個人のメルマガを見ると、人の悪口を言ったり逆ギレしている内容が非常に多く、それはダメだと思った。

そこで私は、成功者の思っている筋の通った本音を包み隠さず書くことにした。

たとえば成功者は、お客さんや社員を金のための道具にしようとしているのか？　それは別にそういうことではなく、お客さんや社員を成功させることによってサービス提供者もしくは社長が成功するのは本当のことだ。だから、本当の意味では皆を成功させようと思っている。

そんなふうに、打算的な部分があることを認めつつ、きれいなところも本音できちんと述べた。


また、成功者たちはお金を稼いでいるはずなのに、意外とその素振りがないのが気になった。本当にお金を持っているのかな？　と思うようなファミリーカーに乗っていたり、動画のクオリティを見てもお金をかけているようには見えない。「どの角度から見ても正真正銘のセレブ」であることを表現している人が実は一人もいなかった。

そこで私は、月額家賃250万円の自宅や所有する高級車、高級時計にリッチな旅行記、セレブな会食など、ありとあらゆる自分の持つ優位性を露出した。もちろん想定していた通り批判はあった。

それは経営者時代にも見てきたことだ。経営者でも二極化し、派手派手な人と地味な人がおり、「リッチを誇示する派手な経営者は必ず潰れる」と批判する人はいた。

私に対しても、「セレブライフや具体的な金額を前面に出すのは品性がないし、本物の成功者はそんなことをしない」という批判はあった。それも正しいと思うが、現実には、地味な経営者のほうが、潰れている数自体では多いのではないかと私は思う。派手な経営者が潰れると、印象に残りやすい。また派手な経営者自体の数がそもそも少ない。だからセレブを公開した経営者が、必ずしも潰れるという因果関係はこじつけである。かつての中国では、豪華絢爛な宮殿を建てた皇帝が政権を安定させて天寿を全うした事例はいくつもある。まぁ、そこを正当化したいわけではないのだが、人々がいかに因果関係の飛躍した常識を生み出しているかを伝えたいだけだ。

一方で、私の見せるものが中古のベンツなどではなく新車のフェラーリであり、中途半端なタワーマンションではなく東京ミッドタウンや六本木ヒルズの家賃数百万円の部屋なので、その実績が若い世代に通じ、「すごい、すごい！　僕も将来、与沢さんみたいになりたい！」と20代全般の読者層に火がついた。また、読者の皆さんからすると意外かもしれないが、私は超富裕層からは気に入られ評価をいただいているのも事実だ。

成り上がりたい若者たちの口コミはパワフルで、「与沢翼という人のフェイスブックは見てるだけで面白いから見てみな」と瞬く間に広がりネット上を駆け巡った。

面白いのは、若い子たちの次に私に着眼してくれたのが、中小企業の経営者だったことだ。彼らが「独立したいんだったら与沢翼さんのフェイスブックを見るといい」と言ってくれたらしく、「うちの社長から聞いた」「社長が朝礼で与沢さんのことを話してた」などのコメントやメッセージがとても多い。それによって私の知名度はまた一段とアップした。

とはいえ、私は前職の倒産の関係で反省もしなければならない身。派手な生活ぶりを見せるのはフェイスブックのクローズドの世界だけにとどめ、ブログでは一切公開せずに批判を最小限に食い止めた。私としては是が非でも再起を図らなければならず反省して自粛していても何も生まれない。一方で倒産社長が瞬く間に成功したのでは、前会社の債権者感情を逆なでするのはもっともなことだ。そこのバランスを取るのは非常に難しかった。

私の目標は、自分が作った前エスラグジュールの実績を1年で追い抜くことだった。実際、世の推測とは裏腹にとてつもない速度で再起を成功させ、私は、エスラグジュールを一瞬で追い抜いた。

今思えば、エスラグを信じてくれた債権者の方や私を信じて出資してくれた投資家の方々には、本当に申し訳なかったと思っている。できれば私も期待に応えたかった。でもあの当時は、もう万策は尽きていた。また私がこれほど最短で復活したことを面白く思っていない人も多いと思う。会社が倒産し法的には返済義務は潰えているが、いつか私が莫大な富を築いたときには、迷惑をかけた人たちには何倍にしてでも返したいと思っている。これは私の本心だ。

月４億売った舞台裏～連続性を作る～

「個人のブランド資産は、何度使っても減ることのない富の源泉」

そう自分に言い聞かせ、ひたすらブランディングをしながらアフィリエイト・キャンペーンで１位をとり続けていた２０１１年10月。

アフィリエイトの仕事依頼が増え、20万円の情報プログラム（塾）という高額商品を初めて扱ったときに、私がやった業界初の試みがインタビューモデルだ。

販売するにあたってプログラムの作成者に会いに行き、「あなたの背景は？」「これから何をしようとしてるの？」「塾の概要は？」など商品にまつわる情報を根掘り葉掘り聞く。

私がゼロの知識から１００％理解するところまで聞きまくり、デモンストレーションもしてもらう。私は後にこれを「ジャパネットたかた方式」と名づけたが、まさにジャパネットたかたの高田社長のように私が登場し、メーカーの人に会いにいって商品をプレゼンするのだ。

これが読者にとても受け、10月から連続的に高額のプログラムを扱うようになった。

『継承24ファイナル』という商品を扱ったときはアフィリエイト報酬で１０００万円以上を稼ぎ、『フェイスブック塾』にいたっては私ひとりで４０００万円もの金額を売る快挙を成し遂げた。2012年1月には、個人で月次7000万円から8000万円を稼ぎ、本当に会社には金があり余る状態になったため、広告費に投下して次の準備を始めた。

短期間で私が編み出したノウハウは、それだけで塾になる。そこで、「オプトインアフィリエイトナンバーワンの方式」と「プログラムの有料商品をインタビュー方式他のスキームで月数千万円売る方法」を『与沢塾』としてまとめ、2月末にリリース。先行販売だけで1億、一般販売で2億、バックエンドで1億の合計4億円を売り上げた。

本来、情報プログラムはそれほど簡単に売れるものではない。私の場合はブランドとノウハウ、実績が整いファンもたくさんいるという、売れる土壌ができていた。

ここで私はさらに大きな軍資金と、塾生という極めてコアな支持層を得た。

アフィリエイターを養成し、ビジネスマインドを教える与沢塾は、全課程を購入&受講すると費用が125万円かかる(1200名の第一期塾生のうち、全額購入してくれた方が50名いる)。そのうち、さらに別の弊社の100万クラスの商品を購入してくれた方が約30名。

その1200名の塾生に私はある意味支えられ、私も皆を支えている。彼らがいたからネットワークビジネスも瞬時に成功した。つまり、私のビジネスのポイントは「連続性を作ること」だ。今取り組んでいるビジネスをぶつ切りで行うのではなく、そこで培ったものを次に生かす形で前に進んでいく。

さらに私には同じことを繰り返す習性が全くなく、1か月ごとにビジネスモデルを発展・進化させている。ベースとしてオプトインアフィリエイトは2011年9月からずっと続けているが、その上に有料アフィリエイトの高額塾をのせ、高額の次には数万円の少額商品にも挑戦した。当然それもうまくいき、今度はそれを塾化して、与沢塾で得た顧客リスト＝コアな支持層に対してネットワークビジネスを仕掛けた。さらに、東京ガールズコレクションの傘下にあったガルマガというサービスを買収し、女性向けのバストアップ教室やアパレル、美容の分野にも進出する。また先日は、YOZAWA TSUBASA Capital Managementという会社を設立し、金銭消費貸借の法的スキームを利用したプロジェクトファイナンスでファンド関連事業にも参入。初日で1億もの金額を集めた。最後に、WBC世界ボクシング戦において多くの世界チャンピオンを生んだ協栄ジムの金平会長と業務締結をして、私自身がプロデューサーとして、世界タイトルマッチのファイトマネーを出資することになっている。

そのようにして今この瞬間も、未来に対して次なる展開を練っている。

人を動かす帝王学

自分のビジネスに誰かの力が必要なとき、狙いを定めたその人の協力を得るには、それ相応の熱意と誠意が不可欠だ。

まずは、相手が本音ベースで何を求めているのかを察知する観察力と見極めの力が重要なのは言うまでもない。相手が情報公開されている人物なら、ネットの情報やブログの内容から相手の嗜好や歴史を知ることができる。ブログの一記事を見ればその人の感覚がわかる。当然、そのセンスをあなたが持ち合わせていることは前提条件だ。

たとえば、ビジネスやお金が大好きな相手なら、極めて現実的かつ先方にメリットしかない経済的な提案をするのが基本。単純に可愛い女の子と合コンをするのが好きな相手なら、ストレートにそこに持っていくのもアリだ。食事が好きな人なら、最高のおもてなしで迎えてあげればよい。

いずれにしても必要なのが礼儀だ。メールやフェイスブックの場合、突然一方的にメッセージを送るのだから、「本当に恐縮ですが」「大変失礼いたします」という〝最敬礼〟を欠かしてはならない。へりくだってとにかく敬い、敬って礼を尽くす。

その際、自分の実績を端的に伝える自己紹介も必要だ。長いアピールは気に入られないが、実績をまったく載せないのもいけない。「はじめまして。一緒に仕事をしませんか？」といきなりメッセージが届いても、相手のことを何も知らないのに仕事をしたいと思うわけがない。また、成功者に自分の話をするのはご法度である。成功者に対しては話を聞く姿勢だけで十分である。後は話が途切れたときにのみ明確で現実的な提案をすることだ。

そして最大のポイントである交渉では、自分の中で最善を尽くし、相手にとってうまみしかない提案をすること。相手との関係性など前提が違えば提案の内容も変わるが、基本はこれに尽きる。

たとえば、私がアパレル時代に作ったブランド専用ページも、ブランドの社長たちがもっとも望む要素をちりばめて具現化したものだ。

アパレルブランドは他のブランドと同列に扱われることを嫌い、ネット上でも自社をブランディングしたいと熱望している。そこで私はブランド専用ページを作り、3Dを用いた3Dパースという技術で各ショップの店内を立体的かつおしゃれに表現した。ブランドが本当に望んでいることを提案したので、二つ返事で受けてもらえたわけだ。

ただし交渉を得意とする私でも、過去何回かは失敗している。そんなときは手を替え品を替え、実現するまで絶対にあきらめない。

あなたも最善を尽くしたあとは、返信をもらえるまであきらめないことだ。もちろん例外はあるが、基本的にはあきらめないこと。多少時間を置いてから再度提案すると意外にもすんなり受け入れられることが多い。あきらめた時点で、相手からの協力はもう永遠に得られない。

塵も積もれば山となる

ところで私は、中学時代に洋服の転売をしていたときから3000円のTシャツを地道に売るような「塵も積もれば」商売が好きだった。オプトインアフィリエイトも1件500円の利益を積み重ねるわけで、月の利益が1500万円になるには月間3万件というとんでもないオプトイン件数を成約させていることになる。

アパレル時代も私のPCには売上げ速報が間断なく届き、今もスマートフォンには1分に何通ものメールで24時間365日、夜中も売上げ報告が来続けている。この安定性が私は好きで、24時間が31日あれば1か月の総時間は744時間だが、その744時間すべてにおいて私は商いをしていたい。だから今もメールの商社という考え方を導入し、クライアントのメールアドレスを300円で仕入れて500円で販売する事業も行っている。メールアドレスが集まれば集まるほど、富が形成される。

その対極にあるのが、たとえば1か月で提案書をまとめ、それがプレゼンで通るか否かで1000万円の商いが決まるというタイプのビジネスだ。これをしているときの私は極めて不安定であり、精神衛生上よくないことを身をもって知っている。むろん依頼されれば高額商品も扱うが、私にとって「塵も積もれば」商売は最高の精神安定剤になるのだ。

もう少し論理的に説明すると、前者は値段が安く1件当たりの販売労力も少なくて済むのに対し、後者は拠出額に応じて責任がどんどん重くなる。少額決済は軽度の責任を全体にばら撒くのと同じで、決定権は1クライアントに委ねるより広くとっておいたほうが全体をアメーバのようにとらえることができる。そのため、一部が減っても別の箇所で増殖させることは容易なのだ。

今うまくいっているGREEやDeNAを見ても、すべて少額決済の積み重ねだ。汎用性や普及性を考えても少額のもののほうが有利で、時代の流れもそちらにあると私は思う。なにより少額のものはレバレッジが効きやすく、高額のものはレバレッジを効かせることが難しい。1000万円の商品をポンポン売るセールスマンは養成するのも難しいが、3000円のTシャツなら自分がセールスをしなくても売れるのだ。だから初心者こそ少額にこだわるべきだと思っている。逆に、今の私は高額商品を扱うのに十分な経験と実績を得ることができたため、高額商品がバンバン売れている。しかし、それはあくまで少額決済ビジネスを成功させた上に成り立っているのだ。

ビジネスの最適分野の選び方

あなたがこれから自分のビジネスを始めたり、今手がけているビジネスを再考する際、どの分野を選ぶべきか。まずはあなたが思い描いているビジネスが、1章で述べた「21世紀型ビジネスの成功条件」と「スーパーフリーエージェントビジネスの条件」にすべてあてはまっているかどうかを問うてもらいたい。

そして次に検討すべきは、そのビジネスが時代の潮流にのっているかどうかだ。時代の潮流をどう判断するかは、人口動態統計などのマクロ情報が網羅された『日経大予測〈2012年版〉』（日本経済新聞出版社）やその類書を見れば、今、国民がどうなっているかが全部書いてあるのでそこから逆算して考えればよい。

たとえば今、世間ではホーム・トゥ・ビジネスがはやっている。皆が家で過ごすことを好むため、マクドナルドがデリバリーを始め、デリバリー総合サイトの「出前館」は上場し、ツタヤのレンタルも家にいながらにしてできる。テレビなどのマルチメディアもホームデバイスで家の中のＬＡＮ環境を整え、「ホームシアター」として楽しまれている。

これらの状況を見ると、家で過ごす時間を快適にすることを考えるビジネスは今正しいことがわかる。

ちなみに私はヘアサロンに行くのが嫌いだ。店内の独特の雰囲気が苦手で待たされるのもイライラするため、本来そんなサービスはないのだが、銀座のPEEK-A-BOOという有名なヘアサロンにわがままを言ってスタイリストを自宅に派遣してもらっている。なぜ美容室は「出張カット」をしないのか？　これをしっかりやれば上場さえできると思う。

ほかにも、すでに複数の業者が存在する「便利屋さん」や「メイドサービス」も工夫次第で大きな道はある。ゴミ屋敷の掃除や、家庭内のＤＶＤやテレビ、ＰＣ、ゲーム、ホームシアターなどのマルチメディアの複雑な配線処理だけでなく、洗濯や整理整頓など日常の家事を今よりリーズナブルにやってくれるメイドサービスが増えれば、一般の人でも手軽に利用できるだろう。

「メイドを雇う」というと高飛車でお金持ちしか使えないイメージがあるが、その印象を変えて、忙しい家庭や介護を必要とする家庭に安価で労働力を提供するブランドを持ったメイド事業が普及すればとても便利な世の中になる。

家を起点に考えることはひとつのポイントだ。

少子高齢化も皆が知っている動態情報のひとつで、そこからわかることはたくさんある。少子化が進めば学校系産業が衰退するだろうというのは誰にでも予想できる。実際、勝ち組と負け組に分かれ、今までのように供給だけしておけば一定数の生徒が集まって安泰という状況ではないため、大学や予備校の閉鎖が相次いでいる。

しかし教育関連は厳しくても、家で学べるネットを使ったeラーニングビジネスは伸びることがわかる。必ずしも「少子化だから教育産業はダメ」と思うのではなく、代替手段を考えることが重要だ。

高齢化も、「高齢化イコール介護」と考えるのはあまりにも短絡的だ。高齢者層に向けたサービスを作るのはよいと思うが、今の60〜70代はまだまだ元気で、堅実に働き貯金をして退職後の生活に備えている。そこに割って入るのはなかなか難しいだろう。

それよりも私は、「若い世代に希望を託す」という思いの強い高齢者世代に応援してもらえるようなビジネスを作ったほうがいいと思う。結局、マクロの経済状態、人口動態、政治状況、国民動向から時代の潮流を導き出し、やるべきビジネスを選択するのが正しい。

「スマートフォンの普及が7000万台突破」というキーワードから、あなたは何を考えるか？

「事業の選択」の意味

どの業界においても、事業の選択は複雑な要因がからみ、簡単に決着する話ではない。

ソフトバンクの孫さんは23歳のとき、事業アイデアを練るためだけの会社を作り、1年半の間、経費だけを支出して40もの事業計画を立て、その中から絞りに絞って1981年にコンピュータソフトの卸会社「日本ソフトバンク」を設立した。何をすべきかを徹底的に考え抜く過程で、天井まで積み上がるほどの事業計画書を書いたそうだ。

そのエピソードが物語るように、事業の選択は言うなれば「事業開始のための事業」だ。選択に際しては、斬新なアイデアで切りこむことに加え、業界の競合他社の状況を見ることが重要だ。たとえば消費者金融なら、武富士、プロミス、アイフルがかつての大手だ。あなたが「これからは個人の時代で個人消費が重要だから、消費者金融でも始めるか」と思ったとしよう。

けれど競合他社の状況を見ると、武富士は利息制限法により膨大な潜在債務が顕在化して2010年に会社更生法を適用され、その後、韓国の消費者金融に買収された。プロミスは三和銀行（現・三菱東京ＵＦＪ銀行）と提携後、その提携を解消し、三井住友銀行の傘下に入る形で銀行系大手に吸収。独立系はアイフルぐらいしか残っていないのが現状で、これから消費者金融に乗り出すのは非常に難しいことがわかる。

僕ら情報業界がいくら可能性があるといっても、たとえば、会社を辞めて情報業界に飛び込んだものの失敗して貧乏になったとか、内実は赤字続きであるというマイナスの話が蔓延しているような状況なら、その業界に参入するのは待ったほうがいい。ちなみに情報及びコンテンツ業界は、今儲かってしょうがない状況であるが、あくまでこれは我々勝ち組の所感である。実際には苦労している人も多いと聞く。

だからこそ、一度「これでいこう」と思っても、業界のトッププレイヤーたちの動向をつぶさに研究し、本当に参入していいかどうかをもう一度テストする必要がある。書店に行けばアパレル業界や情報業界への具体的な参入方法を指南するさまざまな業界別書籍があるが、それはあまり役に立たない。私も何冊か読んだが、そこから何かを得た実感はほとんどない。

それよりも、最初の段階では生きたトッププレイヤーのやり方を確認し、何より自分の頭でマクロ情報をよく考えることが大切だ。

ネット通販の本音

創業期間から数えると約6年間、私は試行錯誤を繰り返しながら財務上では年商8億3000万円、消費税を含め、委託販売の総売上げも合計すれば年商約10億円のネット通販会社を切り盛りした。その経験からわかったことを結論から言おう。

これからビジネスを始めるなら、ネット通販はやめておいたほうがいい。

なぜなら、これまで「お店を持ちたい」と言っていた人たちが皆、リアル店舗の前にまずはネットショップから始めているからだ。今やネットショップは、お店を持ちたいすべての人の登竜門になっており、雨後の筍《たけのこ》のように次から次へと登場している。

その結果、当たり前だが需要と供給のバランスは完全に崩れた。商品の供給量が少ないと、消費者が努力して商品を探す売り手市場になるが、供給過多になれば、今度は供給側が広告費をかけてお客さんを探さなければならない。

供給量が増えすぎたマーケットで勝負をするには非常にコストがかかるのだ。

「だからやりがいがないのか？」といえばやりがいはあると思うし、商売をやっている感も味わえるだろう。勉強になることも多い。しかしなにぶん、損益分岐点が高く利益が出ないので、損益分岐点を超える売上高を達成するためには、尋常ではない広告費がかかるか、もしくはマーケティングの天才的なスキルが求められる。

実際、月商数億円の大手ECベンチャーですら「このままだと赤字で潰れる」と嘆いており、ECで利益が出ている企業はほとんどない。それは私自身が経験していたのでよくわかる。知り合いの社長も競合企業も借入のオンパレードである。ネット通販は今から始めるには遅く、絶対にやるべきではない。やったとしても成功できる会社は、極めて少ないと断言する。


供給量の次に問題なのは、ネット通販は基本的に在庫を持つ小売業であることだ。それはフリーエージェントビジネスの条件と逆行するだけでなく、小売業は初心者が大きく稼げるような生易しい土壌ではない。

私はお店をやってつくづく思ったが、小売業というのは本当に大変で、ある意味、最も難しい。まず在庫を管理する必要があり、売れ筋商品を見極める目利き力も求められる。売上げや原価計算、棚卸しなどの販売管理システムも構築せねばならず、複雑な付属要素が経営上たくさん出てくる。

ユニクロの柳井さんはそれをたとえて「毎日が戦いだ」と言った。今日100億円売っても、明日下手したらゼロになる。そうなったら小売は潰れるのだ。権利収入と対極にある小売業は、今どんなに羽振りがよく見える企業でも絶対の安定はなく、日々売り続けなければならない。小売業をなめたらいかんのだ。

そんなビジネスを初心者がやってもうまくいくわけがない。それよりも知識産業や頭脳産業、ソフトウェア産業のほうが初心者の欠点をカバーできると私は考える。なぜなら在庫の概念がそもそも存在しないため、作りすぎた、仕入れすぎたの問題に悩まされることはないからである。さらに無限供給できて欠品をカバーできる利点も忘れてはならない。

ベンチャー企業の現状

私は今、ベンチャー業界のどっぷりど真ん中にいる。

私の会社は未上場だが、エスラグジュール時代には、GREEの田中良和社長や、ドリコムの内藤裕紀社長、エスグラントコーポレーションの杉本宏之社長などが所属し、上場企業を最も輩出したであろう当時の「20代経営者の会」に入り、楽天の三木谷浩史さんやフルキャストの平野岳史さん、USENの宇野康秀さん、光通信の重田康光さんなど、経済界のそうそうたる方々が集う「ベンチャー協議会」の末席にも加えていただいた。

お会いする社長はほとんどが上場企業の社長であり、これまで100社以上の社長にお話を伺った経験から言うと、ベンチャーを標榜するのであれば、「上場しなければ死」を意味する。ベンチャー企業という言葉の概念自体、3〜4年前とは様変わりしているが、それでも上場すれば信用力や証券コードがついて一気に人脈や信頼が広がり別格扱いされる。売上げが同程度の企業でも、上場しているか否かで官軍と賊軍ほどに扱いが変わる。

たとえば同輩中の首席だったベンチャー企業の社長も、上場したとたん、それまで来ていた集まりに顔を見せなくなり、ナンバー2やナンバー3が来るようになる。それは当然のことで、投資家や株主に情報提供するIR上、下手なことは言えず、発言を録音されるかもしれないなど、株価に影響を及ぼすどんな罠があるかもわからないからだ。

ただし、上場に際して心得ておかなければいけないのは、たとえ上場しても時価総額がかなり小さいことだ。この6年ほどで時代は本当に変わり、現在、上場する会社は2006年の年間180社から、年間20社ほどに減っている。かつては年間利益5億円の会社が上場すれば時価総額が500億〜1000億になることもあり、とてつもないキャピタルゲインになった。それが今は、新興上場企業の時価総額は30〜40億円程度で、よくて100億円である。年間利益2億円の会社が上場しても時価総額は20億円程度にしかならないのが現状なのだ。

つまりスーパーフリーエージェントである僕らが本気でお金をためればその会社を丸ごと買

えてしまうわけで、時価総額が小さいということは、メリットが極端に減る上に、上場を目指す上では致命的だといえる。普通はそんなに簡単に、上場企業が過半数の株を取得されてはいけないのだ。

そんな中でも信用の獲得と初値が高騰することを望んで上場を目指すなら結構だが、くれぐれも注意が必要だ。徒労に終わることもなくはない。

私自身も、いずれは上場しようと思っている。ただし、100億円超の桁違いの年間利益額が出たときだ。新興ベンチャーの多くが数億から5億、よくて10億円の年間利益額で上場する中、私はいきなり東証1部の審査基準にも該当する利益額で上場することを考えている。そういう形態がベストだからだ。

かつて上場を目的化する苦しさを散々味わったので、もう目的化は一切しないし、証券会社に頭を下げるつもりもない。企業の成長過程として上場するのはよいと思うが、上場が目的化するのはよくないし、リターンからみてその目的は目指すにふさわしくない。既に大成功している企業がほとんど手間をかけずに上場を検討するぐらいがちょうどよい。

それよりも、社員還元など時代の潮流に合った組織作りをしたほうがいい。未上場企業には、社員のことを考えられる未上場企業なりのよさがある。私でいえば、社員全員に有利な状況を与えてネットワークビジネスや私とのジョイントビジネスに参加させ、社員を本当に金持ちにしようと意欲を燃やしている。

未上場なら管理部に監査役がいなくて済むし、株主の顔色を窺《うかが》う必要もない。100％私がオーナーである。社員同士が本当の意味で支え合い助け合えるファミリー経営で、社員旅行や飲み会の多い幸せな会社を目指すことができる。その関係性が十分築けてからでなければ、上場することに意味はないと私は心から思う。

けれど会社を経営する以上、ファミリーの存在やベンチャー集団という自分の組織があることをただ喜んでいるだけではダメだ。誰が聞いてもパンチのある新しい事業を世に提案したり、抜群の利益を出して本当の意味でカッコいい企業にならなければいけない。残念ながら私の見る限り、今の日本のベンチャー界にそんなカッコいい企業は99％ない。もちろん自分を棚に上げているわけではなく、私もそんなカッコいい企業を作れていない。もっと志を高くして、グーグルのようなとてつもない企業を目指すべきだ。

本書を読んでいる読者の皆さんが起業するなら、あるいは上場を考えているなら、1％の超一流企業を目指してもらいたい。

予算ゼロで優れた人材を集める裏技

どんなビジネスをするにも、人の力を借りることは重要だ。それは経営者に限らず個人も同じで、ビジネスがなかなかうまくいかない人は、1人でやろうとするから勝てないのであって、よい仲間がいれば必ず突破口が見つかる。

その仲間を見つける際に、ブログやフェイスブックで志を同じくする者を1人でも2人でもよいから募るといい。

私はRajuri設立に際し、ブログで弟子を募集し、150名の応募者の中から30名を雇う形で会社がうまく立ち上がった。

それ以前のエスラグジュールでは求人情報誌に求人広告を出して人材を採用していたが、求人媒体での公募とブログやフェイスブックでの募集では、集まってくる人材に決定的な違いがあった。

求人媒体を通して初めて私の会社を知った人は、立地条件や雇用環境など雇用条件で我が社を選び応募してくる。一方、メルマガやフェイスブックを読んで来てくれた人の多くは、私の信条やビジネススタイルを熟知し、私に対して憧れや尊敬、期待の念を抱いている。つまり、応募してきた時点で人材の質がまったく違うのだ。続く項で詳しく述べるが、これは非常に大きな差だ。

私が率いている数ある会社の中で現在中心となっているFree Agent Styleでは、創業メンバーにあたる弟子を採用した際も、フェイスブックを見て応募してきた100名の中から7名を厳選した。彼らは年収1000万超を取っていた慶應義塾大学卒の電通社員や、佐世保バーガーを創業し社員200名を率いていた社長など非常に優秀なメンバーで、うち5名を副社長と役員に任命した。

それらの優秀な人材を自分から声をかけて探すとなると、ヘッドハンティング会社などを利用せねば難しく、費用も1人200万円以上かかる。人材採用にかかる費用は1人につき新卒で100万円、中途採用でも50万円かかるといわれており、100人の人間を採用するには1億円近くかかる場合すらある。

それをフェイスブックで無料で集められるのは、本当にすごいことなのだ。今後、会社の規模を大きくするにあたり、私も媒体公募を適宜使うと思うが、基本はやはり私のメルマガやブログ読者である。

人材調達は、費用面以上に志の高い人を呼べるという点で、ソーシャルメディアを使って行えるに越したことはない。

素晴らしい人材の見分け方

人材採用に当たり、私には過去の数々の失敗を通して決定的にわかったことが3つある。

1つ目は、面接で大言壮語を吐く人間は要注意だ。

私は、でかいことを言うのは自分に似ていてよいと思い、私自身は大言壮語は嫌いじゃないので採用することが度々あった。けれど、それはほぼすべて、ことごとく失敗した。

本来、大言壮語を吐く人間はトップになるべきで、そういう人が下にいるとチームの和を乱し、社内が分裂したり取引先が困惑したりする。

実際、口先だけになることも多く、得意先や友人関係を怒らせたり、ケータリング業者に「約束を破った」と言われて訴訟を起こされたりなど、さまざまなトラブルを巻き起こすのだ。

「僕は年収何億になりますから」「何千万円売ります」などの宣言も根拠薄弱だ。それだけの金額を稼ぐのはそう簡単なことではないし、やってみなければわからないはずで、誠実な人間はそこまでのことは言えない。結果を出した後であれば、何を言っても構わない。しかし、結果を出す前に発言するすべての大言壮語はほとんどの場合、嘘である傾向が高いのである。実績にも注意が必要である。過去の誰も証明できない実績ほど危ういものはない。また、年間何億売りました、と言ってもそれを社長としてやったのでない限り、その実績は、すべて本人の力でやったとは言えない。

2つ目は、誠実さに欠ける人間は礼儀を知らない。採用してもらいたいという、自分がお願いする立場にあるとき、相手に対する姿勢は〝最敬礼〟になるのが当然だ。それが遅刻してきたり、きょろきょろしていたり、他の応募者を見ていたり、興味なさそうに下を向いていたり……。それらはすべて礼儀の欠如を示しており、そういう人間は面接に現れた時点で終わっている。

3つ目は、〝謙虚にして主張を忘れず〟という姿勢をアピールできるか否か。

比重でいうと謙虚が8割、2割しゃべったら自分の実績やアピールポイントをしっかり述べられることが重要で、どちらが欠けてもダメだ。面接において自分の主張ばかりする人は、その自己主張が仕事上ではもっと出るため和を乱し、逆に、謙虚なだけではただのよい子であって、100％の謙虚さは会社という戦いの中では無意味になる。これもバランスが大切なのだ。

さらに細かいことを言えば、面接の際、私は応募者の話の中身は実際にはほとんど聞いていない。では何をしているかといえば、雰囲気に好感が持てるか否かと目がきれいかどうかをじっと見ている。雰囲気に少しでも嫌悪感を持たれる要素があると、取引先や仕事を失いかねない。

そして会社はリストを管理し個人情報をたくさん持っているので、悪いことをされては困る。どんな局面でも背任や横領、着服などの悪いことをしないか、全神経を集中させて目を凝らし、その人物の人間性を見ている。

成功者の心を動かせずして成功する資格はない

面接で見ず知らずの応募者に対し、私が行った面白い試みがある。

「月の給料をいくら欲しいか、自分で申告してください。その市場価値があると私が思えば、その金額で採用します」

そう言って面接に臨み、「月100万円」と答えた人たちを全員落とした。それはなぜか。

自分の能力を示す給料を、合理的に計算し一般的な常識の範囲内で申請するのはよいと思う。しかし月100万円という金額は、突如、雇用される立場の人間が得る金額としては非常に高い。

それを私にヘッドハントされたわけでもなく、勉強したい、成長したいといって来ている状況で求めるのはいかがなものか。初対面の人間が確たる根拠もなしに、「僕は月100万円の価値に値する、仕事のできる人間です」と皆の前で言えば、誠意を疑われても仕方がない。

内心、「月100万円なんて、与沢さんにとっては大したことない金額でしょ」と思っているのかもしれないが、その発言は初めて会った人に「お金をください」と言っているのと同じだ。貢献があってリウォード（報酬）があるという意味を知らず、パートナーになる、一緒に築くという感覚がそもそもない。

月100万円という金額は、会社に貢献し、それ以上のものを売り上げられる人間だということを実証して初めて与えられるものだ。もし自分が人を雇うならどうするのかを考え、立場を置き換えてみればわかること。それができない人間とはパートナーシップを結びようもない。

一方、採用された初期メンバーの7名は何と答えたか？

全員が「給料はいりません」と答えた。

「1年間のライフラインのお金を確保してあるので」「車を売りましたから」「貯金が500万円あります」などと皆が素直に身の上を明かし、「給料はいらないので、与沢さんの下で働かせてください」と言って〝最敬礼〟を示した。

そう言われた私は、当然ながら入社当日から全員に給料を払っている。

入社当初の数か月間、彼らは毎日朝の4時近くまで働き、近くのサウナにシャワーだけ浴びに行って、寝袋で会社に寝泊まりする生活を続け、「社長の下で直に学ばせてもらえる上にお給料までもらえて、社長は仏ですね」などと言う。

図抜けて優秀なため副社長に任命した佐世保バーガーの創始者は、与沢塾に125万円を払って最終ラインまで学び、40歳と私より年上なのに弟子募集に応募してきた人物だ。彼らの献身性に嘘偽りはなく、それが行動にも如実に出ている。

そういう精神があって初めて、こちらも応えたいと思うのが人情だ。私は彼らが大切でしょうがないので、ビジネスをともにするだけでなく頻繁に飲みに行き、高級温泉旅館やレジャーにも連れて行く。

成功者の心を動かすことができない人は、成功する資格などない。成功したいあなたも、肝に銘じておくといい。

第5章　成功マインドの極意

経済的豊かさとは何か～年収2000万円のハードル～

ところで、社会はなぜ経済的に豊かな人とそうでない人とに分かれるのか。

基本的には誰もがお金持ちになりたいと願っていると思うが、事実上、本当のお金持ちは100人中「1人」いるかどうかだ。その「1人」は何をしているかというと、必ずビジネスを所有している。

世界一の億万長者・ウォーレン・バフェットは株式投資を、ビル・ゲイツはソフトウェアの開発を、ソフトバンクの孫さんは携帯電話をメインとする事業会社を営んでいる。経済的に豊かになるにはビジネスが必要なわけだ。

まず第一に、会社勤めをしてマイホームや家庭を持ち、たまには旅行に出かけるという、ごく普通の生活の営みを豊かであるとはそもそも考えないほうがいい。そう考えるとそこで満足し、それより上には行けなくなるからだ。経済的に豊かであるというのは、超一流のサービスやチャンス、経験や商品を買えることだ。

基本、会社というのは、豊かになりたいと思っている人（経営者）が作るヒエラルキーなので、そこでいくら働いてもそもそも社員であるあなたがリッチになる可能性はほとんどない。

だからリッチになりたいと思いながら会社勤めをしていたり、スキルアップのために学校に通っているのはおかしい。「今は、経済的に豊かになるための勉強期間です」というのは言い訳だ。経済的に豊かになりたいのなら、今日から自分のビジネスを始めなければならない。

ではごく一般的なレベルで、個人がリッチを実感できる収入金額はいったいいくらか？　答えは、年収２０００万円だ。

年収２０００万円をちゃんと持つと、体験や経験が変わる。これは私自身がベンチャーの経営者になり、年収が２０００万円を超えたときに感じたリアルな実感だ。

ずいぶん高いと感じる人もいるかもしれないが、２０００万を割って考えると月収１６６～１６７万円で、前年の所得額にもよるが、手取りはおよそ１１０万円だ。年収１０００万円なら、月収は80～83万円で手取りは60万円ほど。

たとえば高級車を買ってローンを月15～20万円で組み、高級マンションの家賃に月50万円払って、いつもよりちょっといいスーツを買い、ワンランク上のお洒落なレストランに頻繁に行く生活は、年収１０００万円では不可能である。

衣食住すべてのグレードを上げてバランスを保つためには、年収２０００万円が最低限、必要なのだ。

今これを読んでいるあなたも、まずは年収2000万円を目指すところから始めてほしい。そのハードルを飛び越えれば次の志が定まり、自分がもっと上を目指したいのか、それとも2000万を安定させたいのか、そもそも、そんなにもお金はいらなかったと思うのかもわかる。

リッチになるための4つの常識

リッチの意味を理解したら、次にあなたがすべきはリッチになるための4つの常識を身につけることだ。

リッチの常識①「先取りの発想」を持つ

私が10代の頃から意識してきたのが、体験を事前に買うことによって成功者に近づくことだ。自分はリッチになって何をしたいのか？　具体的に手に入れたいものがあるなら、まずはそれを自分の目で見ておかなければいけない。

私は六本木ヒルズに住めない時代から六本木ヒルズの内覧をし、フェラーリに手が届かぬうちからディーラーに行ってフェラーリを見ていた。ときにはリッツ・カールトンのラウンジで会議をし、ランチやお茶をして、一流ホテルのサービスとそれを日常的に利用する価値や必然性を理解した。

普通は「成功してリッチになったら☆☆しよう」の☆☆部分は成功するまでとっておこうと思う人のほうが圧倒的に多い。でも本当にリッチになりたいのなら、☆☆を先に体験してしまうのだ。これは泳げない子どもに座学で水泳を教えても一向に泳げるようにならないのと同じこと。理論を教え込むだけでなく最初から水に入れることで、なりたい自分を体（＝潜在意識）がいやおうなく理解する。

とはいえ、いきなり水深5メートルのプールにドボン！　と入って溺れろと言っているのではもちろんない。目標達成したらやろうと思っていることのうち、今すぐできることを選んでなるべく早く実行に移してみてほしい。すると目標達成後の自分がイメージできるので、よりやる気が出るというわけだ。


そしてある程度の実力が身についたら、要所要所であなたが手に入れたい商品を半年先ぐらいのスパンでオーダーし、それが届くまでにとにかく頑張るというのもオススメだ。

私は昨年10月、フェラーリ458スパイダーを見にディーラーに行ったら欲しくなり、今年の5月に日本に入ってくることがわかったので、「今オーダーする」と言ってその場で500万の手付金を入れて予約した。そうして〝新車のフェラーリを5月に残額一括キャッシュで買えるように、それまでに必ず大きく稼ぐ〟という絶対引けない目標を作り、達成した。私が成功したのは、たいして金もない昨年の秋時点で無理やり4000万の車をオーダーしていたからなのだ。

今年5月にロールスロイスの新型ファントム（シリーズⅡ）を7000万円で購入したのも同様だ。ロールスロイスは成功した企業のオーナーたちが乗る車だが、4月までの段階での私は人を一人も雇っていないスーパーフリーエージェントで、ロールスロイスにふさわしい男ではなかった。けれど今は違う。社員数が100名を超え260坪のオフィスにグループ7社を持つ経営者になっている。車がやってくる12月までにはさらにロールスロイスファントムにふさわしい男になっていようというのが自分の中での一つの目標だ。

リッチの常識② 通帳の入出金を多くし、買掛金による資金調達を意識する

お金が貯まらない人は、キャッシュフローが非常にシンプルだ。給料が毎月手取りで40万円入ってくる場合、諸経費や生活費を支払って仮に10万円余るとそれを毎月貯蓄し、10万円を12か月貯めたら120万円になるという単純な積み増しの考え方をする。

私はその考え方は17歳で捨てた。それじゃあ2000万を貯めるのに20年近くかかってしまうわけだ。20年で2000万では話にならない。ではどうすればよいかというと、お金の入り

と出を増やすのだ。

たとえば仲間とビジネスをするなら自分の口座を入金先にしてもらい、１００万円を得たら、実際の利益は１割しかなくても、１００万円全額をいったん売上げとして計上する。その中から30万円ずつを３人の仲間に支払い、10万円が残るようにする。そうするだけで通帳に１００万円の入金と、30万円の出金が３つ記帳され、入出金の流れができ、事業の最小単位の構造ができる。

そうやって可能な限り、浴びるように入金と出金を体験するのだ。そのプラスとマイナスを合計したものの余りが利益で、それを毎月計算しながら見ていくと商売は必ず上手になる。これがファーストステップだ。


次に未来の支払い、入金予定を管理する資金繰り予定表を理解しよう。キャッシュフロー・ステートメントは、一会計年度における項目ごとの過去の入出金を分別してまとめた財務諸表だが、資金繰り予定表はこれに未来の期日が入る。何月何日にいくら入り、何月何日にいくら出ていくというふうに、出入金に未来の時という要素が加わることによって、将来のお金の増減と残高を予測することができる。

これがわかるようになると、今はお金を持っていなくても、たとえば１０００万円の商品の支払い日を2か月後に設定することでその商品を先に受けてしまい、その商品受領を前提として作り出した売上げの中から1000万円を支払うこともできるのだ。私がとった手法はまさにこれで、現金を10万ほどしか持っていなかった昨年の8月末、先に広告を出稿してリストだけを集め、すぐに売上げで回収した後、広告費を3か月後に支払ったのである。

つまり、あなたに信用取引でサービスを受けられるプレゼン能力や存在感、信頼、ビジネスのスキームがあれば、今、手持ちでいくら持っているかは全く問題ではない。この買掛金による資金調達ができるようになると、あなたの実力は格段に飛躍する。

リッチの常識③　お金によい旅をさせる

お金は自由を好む。永遠に特定の誰かの所有物にはならず、仮住まいをしてはまた別の家へ飛び立っていく。貯金はそれを無理やり囲い込み、お金を奴隷にするに等しい。

お金持ちは「自分のお金」がないことを知っているので、お金を循環させる。自分の家から別の家に回すことでお金はさらに多くの仲間を連れて我が家に帰ってくる。どこまでも引き止めずにお金に自由に旅をさせると、今度はもっともっと多くの仲間を連れて戻ってきてくれる。お金持ちはこれを繰り返すので資産が増えていくのだ。

ただし、お金に多くの仲間を連れて戻ってきてもらうには、よい旅をさせなければいけない。

よい旅とは自分が心から満足できること、つまり使ったあとに後悔しない用途に使うことだ。それは自分のビジネスをより進化させるための投資であり、人が喜んでくれる何かに使うことなどが挙げられる。

世にすべからく、成功できない人はケチだ。

古来中国の建国がうまい皇帝は皆、臣下の歓心を買うのが非常にうまかった。あなたも後輩と飲んだとき、お金がなくてもその場で自分が一番上だなと思ったらおごるべきだし、友人の誕生日には花を贈ったほうがいい。

「人心を買う」というと聞こえは悪いが、そんな小さな貸しがあとで大きなリターンとなって自分に返ってくることは多い。第一、人はケチな人についていきたいとは思わない。あなただってそうだろう？　ケチと思われていいことは何もない。身近な人に対しては特に、ケチにならずに手持ちの資金の中でできることをしよう。

リッチの常識④　毎月１回勝負の日を決める

人間の脳は「苦しいな、難しいな」と思った瞬間に成長を始める。「簡単だな、なんとかなるな」と思うのは潜在意識が現状に満足している証拠で、そう思っている間は成長はない。新しいことを学べば頭が痛くなることもある。行動すれば壁の高さに愕然《がくぜん》とするときもある。けれど苦しいと感じた瞬間にようやく脳は変化を始め、あなたの能力は伸び始める。

毎日を安穏と送らずに負荷をかけるには、日々新しい場所に行き、新しい人に会い、新しいアクションを起こすことだ。私は常々言っているが、レベル99の体験をどれだけできるかが人生の成否を分ける。いつもと変わらない生活はレベル30。日常の中でちょっと変わったよいことがあった程度はレベル50。自分が意識して選び取った新たな世界に足を踏み入れればレベル70。毎日をレベル70で過ごしていると、突如レベル99の出来事に遭遇する。それはまたとないチャンスの到来である。レベル99にはよいこともそうでないことも含まれる。たとえばよいことであれば、出版やテレビのオファーが来たり、とてつもない大企業と契約が結べたり。逆に悪いこととは、会社が倒産したり、最愛の恋人を失ったり、借金を背負ったりだ。レベル99の中には多くの成功の果実が含まれ、人を成長させるきっかけが、そこにある。そのため、レベル99の体験は、良くも悪くも人生を大進化させる。

私自身もこれまで、悲壮な体験をしてきた。高校をやめ10代で2回の逮捕を経験。3億の借金を背負い、会社も倒産させ、23歳のときには8年付き合った恋人にも振られた。逆に、とてつもなくよいことも起きた。雑誌eggと独占契約を締結し、ネットベンチャー初の109出店も果たした。大手ファンド2社から出資も受けてサイバーエージェントなど日本を代表する企業が入居する渋谷マークシティに本社も置けた。また、最近では協栄の金平会長と業務提携をし、WBCの世界ボクシング戦のプロデューサーに指名されたり、尊敬するシダックスの志太会長から仕事を依頼されたり、東京ガールズコレクションの傘下にあったガルマガの買収にも成功した。これらはすべてレベル99の体験である。良いことも悪いこともレベル99の経験を経た後に私はとてつもない速度で成長を果たしてきた。だが、レベル99の経験は願っていてもやってこない。毎日レベル70以上で過ごした人にしか神がレベル99のチャンスを与えないのだ。最良のことも最悪のこともすべてチャンスであり、そこから初めて成功への旋律が始まる。だからこそレベル70を日々、体験せねばならない。

「毎月1回セミナーをやる、そのための準備を毎日する」「出版のための原稿を日々書き続ける」「日商10万の売上げを上げ続ける」などと、毎日を、重要かつ緊急でない仕事に充てるのだ。緊急の案件に振り回される人は、レベル50以下の体験しかできない。自分が意識的に選び取った新世界、これがレベル70の経験である。アクセル全開で進めば突如、レベル99が舞い降りる。そのときあなたは成功者の仲間入りを果たす。

私は周囲から頻繁に「ブレーキがない人」と言われる。その通りだと思う。愛車フェラーリで言えばアウトバーンを時速340キロで常時突っ走っている。たまに事故るが、リアルな事故と違って死ぬことはない。むしろ、エスラグが潰れて私は100倍成功した。図ったわけではないが、結局大きな果実を得た。それは、エスラグ時代も常に全力だったからこそ、潰れてしまった後、さらに大きな成功がやってきたのである。己の限界を超えるためには、世界最高速度で走る必要がある。

成功を構成する3大経営資源

世の中の成功しているビジネスは、すべて経営資源に分解して考えることができる。経営資源とは、お金、技術、情報、商品、労働力、設備、顧客、取引先などだ。たとえば楽天を分析してみると、「ネットショップのシステム」＋「商品を持っている小売店（クライアント）」＋「人が集まる仕組み」で構成されており、どれが不足しても富は生まれない。つまり富とは、経営資源と経営資源の統合の産物なのだ。セールスが得意な人と商品を作るのが上手な人が組めば、当然、富となる。

大企業にも個人にも共通する成功を構成する重要な3大経営資源は、①お金、②人脈、③技術だ。

お金の使い方と人脈形成がうまい人は、そうでない人よりはるかに高い確率で成功する。お金と人脈を生むためには技術がなくてはならない。それは日本一おしゃれになることでもよいし、日本一話し上手になることでもよいし、プログラミングや会計・法務ができることでもよいが、いずれにせよ真に他人から喜ばれ、求められるものでなければただの自己満足にすぎず、ビジネス上の技術とはならない。それを身につけるには、何を自分の技術とするのかを決めて、日々行動と座学を組み合わせながら鍛錬を継続することだ。ネット界一文章がうまくなりたいなら、座学で文章を勉強し、毎日ブログを更新すべきだ。

またあなたが1億円の資金と人の役に立つ高い技術を持っていても、人脈がなければ富は増えない。なぜなら経営資源は目標に対して常に不足しているのであって、成功者は不足する経営資源を人とのつながりの中から見出すからだ。

人脈を制する者は富をも制する。

潜在意識を変革する

たとえば今、あなたが月収100万円を目指して頑張っているのに、実際の月収は30万円だとする。努力してもなかなか収入が増えないのには、れっきとした理由がある。それは、顕在意識では月収100万円ほしいと思っていても、潜在意識は「30万円で十分」と考えているからだ。成功できない唯一にして最大の要因は、実は自己満足度による。

私の現在の月収が1億円なのは、私の潜在意識が「自分の月収は1億が妥当であり最低限」と考えているからだ。今もなお、私は自分に焦りを感じている。今のままではダメなのである。顕在意識が本当の自分だと思うのは間違いで、潜在意識こそが本当の自分であることをよく理解してほしい。成功できる人のエネルギー値が高いのは、潜在意識が成功を完璧にイメージできており、それを達成する必然性があるからだ。「絶対こうでなきゃ嫌だ！」という体内からみなぎるマグマは潜在意識がもたらしているもので、実際に成功者とそうでない人を分かつのは、このパワーがあるかないかだけだ。

成功者とそうでない人の決定的な考え方の違いは、成功者は「今あるもの」にフォーカスし、いつまでたっても成功できない人は「今ないもの」にフォーカスすることだ。「もっとお金があれば」「もっと頭がよければ……」というないものへの仮定は、あなたの潜在意識に大きな悪影響を及ぼす。なぜなら「もっと☆☆があれば動くけど、今はそうではないので動かない」という暗示（洗脳）をかけていることになるからだ。つまり顕在意識でいくらお金持ちになりたいと思っても、潜在意識が行動しないことを肯定してしまうのだ。

たとえば、英語を例にとれば、それこそ単語と文法の本をそれぞれ10回繰り返し読めば、誰でも英語は読めるようになるわけだが、その10回を繰り返すことができない。それは、深層心理が、本当に英語を話したいと思っていないから、エネルギーが湧き上がってこないのである。

思い当たったあなたも焦ることはない。潜在意識を意識的に成長させる方法が2つある。

1つ目は、言葉で自分に暗示をかける方法だ。本や教材を勉強したり、セミナーを聞いたりして、文字や言葉、聴覚から成功者の考え方を浴びて、「成功しなければ死んだほうがマシだ」と心から叫びをあげるのだ。しかし、言葉による暗示は行動による暗示よりも弱い。セミナーをいくら聞いても、本をどれだけ読んでも成功できない人がいるのはこのためだ。

そこで必要不可欠なのが、2つ目の行動で自分に暗示をかけることだ。本当に成功したいなら、成功しない自分はありえないことを前提に、「今この瞬間にできることをやる」「未来を先取って体験する」という行動を続ければ、行動自体があなたの潜在意識を強烈に変革して顕在意識と一致させることができる。

お金がないうちから高級ホテルに泊まり、ダイエットに成功する前からレベルの高い異性を狙い、出版が決まる前から本を書き始めると潜在意識はどうなるか？ 「私は高級住宅に住み、素敵な恋人がいて、本を出版できるようなすごい人間なんだ」というふうに、よい意味での勘違いを起こす。すると力まず自然と、高級住宅に住めるだけの経済力や素敵な異性を獲得できるだけのパワー、本を出せるだけの知識を身につけることができるのである。

さあそれがわかったら、今あるもの・今できることにフォーカスし、今すぐ2つの努力を開始して自分の潜在意識を変革しよう。半年もしないうちに変わり始めるであろう。それが実行できれば、成功はあなたが追いかけるまでもなく、向こうから喜び勇んでやってきてくれる。

持っている金は全部使え！

私はお金に尋常でない執着を持つ一方で、お金に全く執着していない。矛盾のように聞こえるだろうが、お金の性格を熟知しているからこそ、お金を使わずにはいられない。

成功していないのに貯金ばかりしている人は、お金の性格を知らないため、成功には程遠い。お金は自分の潜在意識をよりよい方向に導くために使うのがベストだ。

成功にとって一番重要なのは、お金でも人脈でも物でもなく、潜在意識の変革だ。潜在意識は何よりも強力なものなので、年収2000万円の潜在意識を手にすれば、必ず年収は2000万円に近づく。

なぜなら、意識的に行動できる時間は短く、潜在意識が活躍する時間のほうがはるかに長いからだ。タバコをやめようと決意しても忘れた頃にまた何食わぬ顔で吸ってしまうのは、潜在意識は、別にタバコを吸ってもよいのではないか、と思っているからだ。だから持っているお金はすべて潜在意識を変えるために使うべきであり、そこが変われば後はすべて変わる。

私は今も、自分が稼ぐ額に比例して、自分のさらなる成長のため、親や大切な人のため、社員やお客様のためにお金を使っている。半年で5億稼いだが既に8割に当たる4億を使い切った。極端な話、金がなくなれば、今の優雅な生活ができなくなるという最悪のケースも常に想定している。でもそれでよいのだ。元々ゼロから始まっているのがゼロに戻るだけ。この世にマイナスというものは実はない。ゼロが一番小さい数字である。たとえば借金を1億抱えていても、支払えるのはお金があるときだけ。つまりゼロ以上のときであって、現実にお金がマイナスになるというのはありえない。これは数学が考えた概念上の虚構である。人生における唯一のマイナスとは死ぬことではないだろうか。だから死なない限りマイナスにはならない。そう考えて使うからこそ、お金が減ることを怖いと思わない。なくなったらまた稼げばいい。使った分だけ新たな経験をしてきたのだから。使えば使うほど、人は成長する。

「兵に常勢なく、水に常形なし。よく敵の変化に因りて変化して勝ちを取る者、これを神という」まさに至言。

お金にも常勢はなく、金の増減も変化させて時機を見て臨機応変に使うのが生き金だ。成功者になりたければ、金に執着して稼ぎ、稼いだ金は執着せずに使わなければならない。金のストックよりも金の流れのほうが重要なのである。

プレゼンテーションで相手を魅了する

私は交渉やプレゼンテーションが得意で、ベンチャー時代から「与沢さんが行くと全部取引が決まる。失敗したのを見たことない」と言われ続けてきた。けれど私は今まで、プレゼンの技術や話法の本を読んだり、プレゼンの勉強をしたことは一度もない。

ではいつその技術が身についたのかというと、先天的なものと後天的なものとに分かれると思う。家族によれば、私は幼稚園の頃から話術で人を笑わせることが上手で、家族団欒《だんらん》のときにふざけたことを言っては場を盛り上げるムードメーカーだったらしい。

先天的に話がうまいと言われる中で、その能力が後天的に身についたのが大学受験と司法試験の受験期だ。この頃は、1日16時間以上9か月休みなしで勉強をしていたため、頭からオーバーヒートした脳の音がプスプスと聞こえてくる始末。夢の中でも英単語を復唱し続けた。正直きつかったが、受験が終わってみて自分の脳の力が圧倒的に高まっているのを実感した。何よりも頭の回転速度が速くなり、どんな状況でも瞬時に論理的な思考の枠組みを構築できるようになった。これにより私は常に戦略を合理的かつ効果的に立てることができるようになったのだ。ある意味私がネットビジネスで成功できたのも元を辿《たど》れば、このときの受験期間による恩恵が大きい。もっとも他の受験生のように高校3年間をかけて学んだのではなく、9か月間にありえないほど集中したことが、結果的に脳をブレイクスルーさせたのだと自分では思っている。

私の受験勉強は我流で、そもそもの本質というものを捉えることを追求した。では本質とは何かというと、語学でいえば文法と単語、慣用句。歴史でいえば流れと必然性である。また、すべての教科の根底にあるのは、論理である。受験期間中にもかかわらず、私は論理にまつわる本を山ほど読み、『論理学』という分野にのめりこんだときは、ついつい論理記号まで追ってしまい、「おっと、これはいらないや」と我に返り受験勉強に戻ったものだ。しかし、論理を徹底追求したことで、非常に説得力のある文章やトークができるようになり、今では、その文章と話術が生み出している富は計り知れない。

リーディングで特に重要だと思っているのは、パラグラフ・リーディング（構造分析）だ。

私は速読の技術が重要だとは思わないが、「目次をしっかり見て、最初に構造をざっくり頭に入れておく」ということを意識している。ほかにも時間がないときには「太字のところだけを拾い読みしていき、気になった箇所を深掘りする」などを実践している。

構造分析のポイントは、接続詞に着眼することだ。「しかし」がきたら続く文章は前後逆説になり、「だから」がくれば根拠のあとに帰結する。「なぜなら」のあとは結論があって根拠だ。

接続詞の前後で文体の構造を分解して考える訓練を積み、段落（字下げがあるところ）の単位でメッセージの要約を考えるようにした。ライティングでは、司法試験の論証パターンを5回読んでからそれを閉じて、記憶を蘇らせつつ手が腱鞘炎寸前になるまで書いた。

まず、こんな事件が起きたという事例（大前提）を法律第何条（小前提）に当てはめ、ゆえにこうなるという結論に導く三段論法は、今でも頻繁に使っている。話すときはまず大前提を述べて、そこから現実の事象をその前提に当てはめ、必然としてこれを買ったほうがよいという流れでセールスする。私が何かを伝えたいときに、たとえば歴史をまず述べてから現在を当てはめ、「だから、必然的にこうなる」という結論を導いているのは、そのためである。

その中で徐々にわかってきたのは、話の中に明確な大前提を用いると説得力が格段に増すことだ。また、基本的な構造を作ったあとは、インパクトの強いエピソードを話の節々に肉付けすると、持論が説得力を増し、話自体も面白くなる。興味深いデータやエピソードを考えたり見つけ出してくるのも、話術を面白くしたい人の務めだ。

それら読み書きと思考の勉強を通じて考える力と伝える力、まとめる力を蓄えると、あとは経験と知識をミックスさせて、いくらでも話ができるようになった。そこで、それをベースに書きおろしの電子出版物を複数書いてブログから販売したり、経営者を相手に情報業界のセミナーを繰り返していった。富と注目を集めながら、いつしか大勢の聴衆や大物の前で話をしても一切緊張することさえなくなったのである。

プレゼンの技術も、基本は話法と同じで、論理と知識があれば大丈夫。ただし、プレゼンを受ける側によって評価をするポイントが異なるので、その意図を探ることから始めなければならない。たとえば誠意を評価する人には誠意を伝え、情にもろい人には情に訴える。あるいは、利益に弱い人には未来の壮大なビジョンを伝えるなど、プレゼン対象者によって訴求ポイントを変えることが重要なのだ。

たとえば、ファンドから出資してもらいたいときは、ファンドが評価をするポイントをまず調べる。結論から言えば、彼らは、①将来の利益性とその根拠、②業種、社長及び経営陣、会社ビジョン、ビジネスモデルなどから人気株となる要素を持っているかの2つを中心に評価している。なぜなら利益の額と人気銘柄は時価総額に直結し、株価の高騰で儲ける彼らの関心事は基本、そこにしかないからである。それがわかればプレゼンは意外に簡単である。いかに自社が将来利益を上げて人気株となれるのか、それを説得力を持って根拠を示していけばよいだけである。このことがわかっていないと、自社の社会性などを延々と述べて結局出資を受けられない会社に成り下がる。彼らはそんなことに特段興味はない。社会性などは最低限をクリアしていれば十分なのである。

つまり、プレゼン対象者ごとに彼らが「評価するポイント」を事前に明確にしておき、それに沿って話を構成すればよい。たったこれだけのことで、出資を受けられてしまうし、他のプレゼンにおいても無敗を誇ることができる。

メモをとらずに記憶する

本を読んだり人の話を聞いて「これいいな」と思った内容を、私はメモをせずにすべて記憶している。かつては普通にメモしていたが、あるときふと、メモをとって覚えていた内容がほとんどないことに気付いた。それよりも、話を聞いて意識的に記憶したことのほうが明確に覚えているのだ。あとで話をするときにもすぐに引用できる。

メモをとると覚えていないのは、脳に「あとで見られる」という油断があるからだと思う。あなたも試しにどんな重要な場においてもメモすることをやめ、死地に自分をおいこんで記憶するよう努めたら、情報収集力と蓄積力、再現性が格段に上がるであろう。

そんなことに気付いて以来、スケジュールも一切メモしなくなり、手帳やそれに代わるものも使っていないがほとんど間違うことはない。記憶力がよくなり、頭を使うので脳が活性化して話もさらにうまくなった。

私はその記憶力をフル活用して、日常のいろんな場面で興味深いエピソードを拾っている。名言、格言、伝記、ビジネス書や人の話を見聞きし、「これはあの話のときの根拠に使えるな」と思いながら日々素材を集めて内容を振り分け、話すときにそのピースを瞬時に組み立てている。

これは受験期に記憶術を猛勉強した名残かもしれないが、私は物事を構造として把握し、記憶するクセがある。本も一度読むと全文の大筋をすべて記憶するため、本の内容も巧みに再現できる。

人の話や本の内容をどうやって記憶するかというと、丸ごと暗記すべき項目と、暗記せずに記憶から引っ張り出す項目とに分けている。本の場合は、目次だけは何がなんでもすべて暗記する。そして全6章の本なら、1章の目次を見ただけでその内容を思い出せるようにしておく。すると、1章の内容を話しているうちに2章の内容を思い出し、2章を話すと3章を思い出すというふうに、記憶を引っ張り出しながら文を書いたり、話をしたりすることができるようになる。その際、日付や数字、タイトルなどキーワードになるものもすべて暗記しておくとスムーズにいくので、私は大事な日付はすべて覚えている。これが習慣化すると、人の話を聞いたときに過去のさまざまな情報と新規の目の前の情報とが化学結合し、新しいアイデアが生まれる。記憶の本質は、トリガー（引き金）からの連想である。トリガーだけは記憶しておかなければならない。

愚直に真似る

私は2017年までに年商1000億円のグループ企業を作るという目標のために、これからカラーコンタクトの自社ブランドを作ったり、アパレルや化粧品の販売をしたり、ガルマガを中心に女性市場にも参入予定である。この他、リアルビジネスの集客やブランディングをネット上で行うプロデュース事業、YOZAWA TSUBASA Capital Managementを通じた大規模資金調達を行い、企業の買収や海外不動産への投資など、さまざまな事業案をもとにネットを中心にリアルのほうにも進出を始めている。

最悪な状況からネットビジネスを始めて半年で、実業でも大きな勝負ができるような経営資源（時間、資金、人脈、人材）を手にすることができた。まさに地獄の底からの一発大逆転だ。なぜこんなスピードで結果を出すことができたのか？　とよく聞かれるが、私は結果を出している人が実際にしていることをとにかく見て、それを愚直に真似たことが大きな要因だと思っている。

情報収集の基本は、競合（ライバル）を調べることが第一だ。私は8割がたそれで完結し、業界本を読んで勉強したことはない。答えは本や巷《ちまた》にあふれるセミナーにはなく、実績を既に出したライバルたちが行っているアクションの中にある。残りの1～2割でたまたま知り合いから入ってくるようなラッキー情報が役に立つこともあるが、そもそもラッキーに最初から期待してはいけない。情報収集は、成功者分析であると心得るのがよい。

実際、情報ビジネスで『フリーエージェントクラブ』という塾のプロデュースをしたときも、プロダクトローンチにおいて業界ナンバーワンといわれていたI氏から会食で1時間話を聞かせてもらい、I氏の手法通りに真似をした。私はすごい人と会うときは、あえてメモをとらずにすべて記憶する。メモをとると相手の集中力を妨げ、話を遮断してしまったり話の速度が遅れたりするからだ。

その1時間も、プロダクトローンチの要諦をじっくり聞いて質問攻めにし、エッセンスを完全に記憶した。そこに一切の懐疑心を入れずに帰った翌日から手法を忠実に実行すると、『フリーエージェントクラブ』は5100万円もの売上げになり、I氏の偉大さを思い知った。

メルマガに関しても、業界の本丸・K氏から教わったことをそのまま実行しただけだ。つまり成果を出すために一番重要なことは、成功者から1時間程度、話を聞き、その内容をすべて再現することだ。その際、中途半端な成功者に話を聞くと必要のないことを教え込まれ、大変誤った道に行くことになるので、必ずナンバーワンの人から聞いたほうがいい。直接会ったりセミナーに参加できなくても、その人の教材を勉強すればよいだろう。成功者の話1時間で十分勝算はある。それぐらい実績を出した人というのは偉大なものだということを忘れないように。

世の中にそれを達成した人がいることであれば、どんなに高い目標であっても必ず達成できる。できる方法を知り、まずはできることから真似していくことがすべてだ。

ネットビジネスと頭脳産業に興味を持ち、今この本を読んでいるあなたは、かなり成功に近い感性を持っている。意志あるところに道あり。あとは私がしたように、今結果を出している人から詳しいセオリーやステップを学び、素直に実行するだけだ。

1日1冊読破する

16歳で大平光代さんの本を手にし、本というものを初めてじっくりと読んで以来、私は膨大な数の書籍に世界を教わってきた。

その中で感じることは、「読んで2時間以内に世界が違って見える」「読んで2時間以内に新たな行動を起こせた」など、自分の感性をダイレクトに刺激したものが本当の良書であったということだ。このポリシーを持って以来、つまらないと思った本は途中で読むのをやめる癖がついた。これによって貴重な時間をロスしなくてもすむようになったのである。

昨年10月にブログを書き始めてからは、知識・教養や面白いネタが尽きてはいけないと思い、1日1冊必ず読んできた。

読書ジャンルも変遷し、かつてはビジネス書を中心に読んでいたが、ビジネスで知らないことがほとんどなくなり、21世紀の潮流も見えた今は、ビジネス書を読むとツッコミを入れたくなることのほうが多い。そこでアダム・スミスの『国富論』やニッコロ・マキャベリの『君主論』など、近代政治学や経済学の古典を熟読するほかは歴史書ばかり読んでいる。今では孫子や孔子が活躍した紀元前の春秋時代から紀元後の李淵が建国した唐までの約1000年間の歴史を、それこそ何度も読み返している。

私はよい本に関しては超精読派で、その一文が何を言わんとしているかが気になると、A4の用紙にその図解を書いたり、重要な記述を丸暗記して反芻《はんすう》する。たとえば歴史マンガの中で、前漢の劉邦を助けた大将軍「韓信」が大将たる者の資格17個を述べると、「この中で、今の自分に足りないものはどれだろう?」と自分に当てはめて考え、止まり止まり読んでいくためとても時間がかかる。でもそう考えながら読まないと、本当の意味では本を読んでも意味がない。だから速読も学んだが、結果好きになれない。ただ冊数を重ねるだけでは読書も自己満足で終わる。

私が読書をするのはたいてい寝る前で、面白い歴史書にはまって睡眠が削られるのが常だ。最近は中国の歴史のおかげで午前5時就寝、8時起床を繰り返している。

どんな人であれ、成功は自分の器を乗り越えることで実現する。成功者に共通する要素は、ある分野の専門家であることだ。専門家といっても皆が弁護士や医師などの資格を持っているということではない。ある分野に関してものすごく詳しく、知識と知恵、勘や先見性が豊富であることだ。つまり、セミナーを聞いたり本を読んで学び続けることは必須だ。今の自分の器で今の成功具合なのだから、今の器のままでは今以上の成功はない。ゆえに器を磨かなければならない。「いつかは自分も」と思うなら毎日勉強しなければ、その「いつか」は絶対にこない。

「孫子の兵法」から学ぶ

大好きな中国の歴史書から、私がどんなふうに学びを得ているかをひとつ紹介しよう。「孫子の兵法」を著した孫武は、中国春秋時代の呉という国の大将軍であり、軍事思想家でもある。孫子の兵法とは、戦争の戦略や哲学を心理、経済、地理学、天文学などあらゆる方面から説いた軍事理論書だ。

冒頭は、「兵とは国の大事なり。死生の地、存亡の道、察せざるべからざるなり」という一文で始まる。兵というのは挙兵＝戦争のことで、民を苦しめ多くの死者を出し、国力を減退させる戦争は国家の一大事なので、よくよく考えて行うべしと述べている。

私はそのエッセンスを、「新規事業や新しい分野に挑戦するのは非常に労力がかかり大変なので、事業の多角化や新規分野への参入は本当に熟慮して決めなければいけない」という示唆として言い換えている。

「孫子の兵法」に一貫して流れるのが「虚をつく」＝「敵の裏をかけ」という教えだ。たとえば「近くにありては遠くに見せかけ、遠きにありては近くに見せる」。

自分の能力が低く影響力も乏しいときは、あたかも力強い人間（大きな会社）であるかのように見せ、自分に実力がついたら、あえて謙虚になって力を誇示しないほうが、その実力を発揮したときに偉大な人物として尊敬される。私は孫子の兵法13篇をこのようにすべて自分で意訳し現代に通じる教えとしているのだ。それが極まって「孫氏の兵法」というDVDまで販売しているほどだ。

ほかにも、孫子が重要視する項目の中で特筆すべき教えを2つ挙げたい。

ひとつは「間者《かんじゃ》（情報収集部隊）を用いよ」。つまり、敵の地の利や武将の性格など、敵軍の情報をどれだけ持っているかによって、勝敗は戦の前に決まっているということである。

そして、それらを調べ上げる重要な役割を担う間者には最も大きな俸禄（将軍と同じぐらいの給料）を与えよという革命的なことも示唆している。

当時の中国では間者は特に評価されない存在で、役職もなく重用されていなかった。しかし孫武はその間者を厚遇して存分に働かせ、諜報活動の重要性を知らしめるところからして歴代の武将たちとは発想が違う。

これは現代のIT企業戦でいえば、敵のサイトをつぶさに見て情報収集をして、敵の経営陣に近づいて戦略を盗めということだ。孫武に言わせればそれは当たり前のこと。「敵を知り己を知らば百戦危うからず」も孫武の言葉だ。情報戦によって、既に勝敗は決している。

次に「信賞必罰を明確にすべし」という言葉がある。「手柄のあった者には必ず賞を与え、過ちを犯した者はたとえ自分の親族であっても厳正に罰せよ」という意味合いだ。

孫武にはこんな逸話がある。かつて呉国の王・闔閭《こうりょ》に初めて謁見《えっけん》し、国王に「あなたが大軍師になる器ならば、宮中の婦人で軍の指揮を見せてみよ」と言われた孫武は、王の2人の寵姫を隊長に宮中の女性180名を2つの部隊にわけて整列させた。そして太鼓の音を合図に右や左を向くよう命じたが、高貴な女性たちは笑って言うことを聞かなかった。

何度命令しても言うことを聞かない女性たちに、孫武は「命令が明確なのに実行されないのは、隊長の罪なり。これは国王の剣である。王命に従わないのであれば切り捨てる」と言って、2人の寵姫を王の目の前で斬り殺した。

王は激怒したが、孫武は「それで自分が殺されたとしても、軍命・軍律は絶対に守らせなければいけない」といって厳しさと公正さを示し、後の重臣たちの耳目を一挙に集め大将軍に任命される。その後、将軍に登用されてからも信賞必罰を絶対としたという。

仕事に感情をはさまず、信賞必罰をもって部下に接し、ルールに基づいたフェアな制度で運営するとうまくいくのは会社も同じだ。「孫子の兵法」は全部で13篇あり、孫武から学ぶところは非常に多い。興味のある方はぜひ読んでみてほしい。

勝ちへの執念を持つ

私は頑張っている人やすごい人を見ると打ち負かしたくなる。そして悶々とした次の瞬間には、勝つためにはどうしたらよいかという思考になる。私の場合、勝ちたい勝ちたいと念じるより、勝ちたいという思いが剛速球のように頭をよぎった直後から戦略を考えている。どうしたら勝てるのか？　という作戦を立てて実行しない限り、現実世界は何も変わらないことを熟知しているからだ。

それは私がとりたてて貪欲な人間という意味ではなく、人間が本能的に持つ競争本能であり、至極普通のことだ。ランキングが出たら上のほうに行きたいと思うのは、あなただって同じだろう？　山があれば登りたいのだ。

何でもそうだが、2番手は人に覚えてもらえない。

表彰やコンテストで最後の紙一重の差で1位と2位が決定し、その差が本当に甲乙つけがたいものだとその場の全員が理解していても、「〇〇で1位だった」「グランプリを獲った」と言えるのと、「2位だった」というのでは後世に伝わるインパクトに雲泥の差があり、個人の歴史の意味が変わる。ものによっては2位、3位もすごいことで実績にはなるが、4位、5位になるとほとんど意味がない。

今自分がしている努力の本当に最後のひと踏ん張りで1位と2位の結果が変わり、使える過去なのか使えない過去になるかが分かれると思えば、あなたも目の前のアクションに最後まで本腰が入るはずだ。

ここで、ナンバーワンになるために実行すべきポイントをひとつ教えよう。それはやらないことを決めることだ。なんでもかんでも全部やるとエネルギーも運も使い果たす。切り捨てるのは勇気がいることだが、優先順位の2位以下は切り捨てて、ひとつだけを毎日コツコツ積み上げるといい。結果的に、優先順位第1位のことをやるだけで、たいてい目的は達成される。

そこで、まずは上位に入ることにこだわり、1位と2位には非常に大きな差があることを肝に銘じて努力しよう。一度1位を獲得すれば、それをベースに実績を積み上げていくことができる。ナンバーワンでなければ果実は少なく、ナンバーワンになれば人生が変わる。気の毒なことに、日本2位の北岳《きただけ》という山は、標高3000メートルを超えているのにほとんど誰も知らない。日本の伝説になれたのは、ちょっと頑張って大きな起伏を作れた日本一の富士山だけなのである。

後世に伝わるのは1位のみ。上の上を目指そう。

最短最速で結果を出す

私は23歳でアパレルの会社を創業した際、会社設立から3か月ほどで月商300万円を達成した。そこから伸びる過程も、月商1000万円が5000万円になるまで1年、月商5000万円が1億5000万円になるまで1年。ネットビジネスに関しては、初月の収入合計が5000万円で、半年後には月に4億稼ぐという具合に、成長・達成が非常に速い。

私はなぜビジネスを伸ばすのがそんなに速いかというと、最短最速で結果を出すことに重きを置いているからだ。そこにこだわる理由はただひとつ。人生とは「時間そのもの」だからだ。ゆっくり進むということは人生を捨てることになる。

たとえば多くの人が10年かかって出す結果を半年で出すことで、私は彼らの20倍人生を生きられることになる。

そのお金を使ってレバレッジを効かせ、事業を興したり、いろんな経験やサービスを買えるので、経験値が全然違ってくる。つまり最短最速で結果を出すことは、人生を謳歌し、よりよく生きることに直結する。

私の大好きな「三国志」でも、魏・呉・蜀を戦った劉備と曹操、孫権は、自分の存命中には天下統一を成し得なかった。当時の人生は長くて60年。人生50年といわれる時代に物心ついたのが20歳だとしたら、残された時間は30年しかない。もちろん、彼らも最短最速で結果を出すべく動いていたのだろうが、群雄割拠する状況下で天下統一を成し得ないまま、志半ばにして亡くなっていった。

いつの時代も、大半の人は大きなことを成し遂げずに人生を終えていくが、それはゆっくりやるからだ。最短最速で結果を出していけば、より大きなステージに早いステップで行ける。ゆっくりやるというのは、責任逃れだ。「いつかそうなればいい」「5年後にこうなりたい」と思うのではなく、明確に「半年後にこうなる」と宣言したときに初めてその発言に責任が伴う。

では最短最速で結果を出すためにはどうすればよいかというと、私の場合は2章で述べた通り、一番難しそうなことから手をつける。たとえば情報業界で私が最初にしたのは、自分が一番難しいと思っていたセミナー開催とアフィリエイトセンターの開設、そして塾の運営だ。私はセミナー開催の勉強を体系的にしていないし、「人前で話せるだろうか……」という不安もあった。

でも「これができるといいよね」と思う難題に最初に挑戦すれば、最短で結果が出て、その他の枝葉末節に時間をとられなくて済む。幹の部分であるセンターピンを倒せば、10本のピンが一気に倒れ、他のピンを一本一本倒していく必要はないのだ。その際、3か月タームで爆発的に集中することが大事だ。集中していないのであれば、5年、10年、30年やってのんきに成功を目指しても人生は変わらない。

あなたも人生のビジョンを実現したいなら、最短最速で結果を出さなければいけない。それがよりよい未来につながり、あなたの人生を幾何級数的に優雅にする。

ROIで考える

あなたは、return on investment という言葉をご存じだろうか？

これは投資に対する回収率を測る指標である。回収金額÷投資額の計算で算出が可能だ。たとえば、1000万円を投資して、100万円の利益が出れば、100÷1000＝0・1つまり、10％の利回り（回収率）であることがわかる。通常ROIは1年間で計算される。つまり投資額に対して1年間でどれだけの回収をしたかということだ。ROIが頻繁に用いられるのは不動産投資である。たとえば、1億円のマンションを購入して賃貸に出し、1年後に500万円の家賃収入が手元に残れば、このマンションの利回り（ROI）は5％であると表現される。この考え方を持つことができると、回収率を意識した行動がとれるようになるのだ。

ただし、私はこのROIに修正を加えて考えている。それは1年で見るのではなく、1か月でROIを見るということ。これを月間ROIと呼んでいる。現代の事業展開の速度は20世紀の10倍速いと言っても過言ではない。そんな中で悠長に1年単位で見ていたのでは、このROI指標は無用の長物となる。そこで私は、月の前半で投資を行い、月の後半では回収を図り始める。これがネットビジネスであれば可能なのだ。たとえば、前半に広告をかけて顧客リストを集め、後半においてステップメールや動画を使って丁寧にセールスするのである。すると、前半で1000万の広告費を使い、後半で3000万の売上げを回収することが可能だ。これをROI指標で考えてみると、3000÷1000=3で、月間ROIは300%になる。これを年間で繰り返すと3600%、つまり、最初の富を36倍にすることができるという計算である。この月間ROI300%、つまり毎月投資額を3倍にするというのは、私の中ではもはや常識であるのだが、この話を一般の方に話すとキョトンとした顔でどうも釈然としないようだ。それもそのはず、これまで年間ROIは10%で優秀とされてきたのだから、3600%、つまり360倍のパフォーマンスを出せると言ってもにわかに信じることができないのであろう。しかし、これは現実の世界である。私のビジネス手法はおそらく世界一ROIの高いものではないかと思っている。

よくよく考えてみてほしい。年間ROIが10%ということは、投資元本を回収するために10

年もかかるということだ。10年という期間は誰にとっても長いはずなのに、このＲＯＩ10％という呆れた常識を誰もが疑わずに、投資とはそういうもんだ、と思い込んでいるのである。私には、10年も座して待っているような真似はできない。だから、一般に存在する投資商品（長期株や不動産投資）には、全く興味がない。というよりそんなことをしていたら成功者になるのは還暦を迎える頃であろう。私の根底にあるのは、いかに若いときに成功できるか、である。晩年は自己実現に使うと決めている。このようなぶれない決意があるので、年間ＲＯＩは３６００％以上が私の中の常識である。実際に昨年手元に10万しかなかったものを半年で5億にしたわけだから、５０００倍、つまり半年のＲＯＩに引き直すと、50万％、年間にすれば１００万％である。３６００％でも非常に物足りない。

これからはあなたも2週間で投資をしてその後2週間で回収するという月間ＲＯＩの癖をつけてほしいと思う。たとえば、株をやるにしても長期投資などもってのほかである。金を塩漬けにするつもりか。現代の株成功を目指すのであれば、明らかにデイトレードである。デイトレは究極のＲＯＩを持ちうる。午前中に投資した株を午後に売却して利益を得られるのであるから、月間ＲＯＩどころか日間ＲＯＩが実現するのだ。だからこそデイトレはＢＮＦさんという30代前半で３００億の資産を持つような成功者を生んだのだ。この方、最初は１６０万の資金で大学生の頃に始めたというから驚きである。現代にはこのような神を生む土壌が至るところにあるのだ。

私も先日GREEのコンプガチャ騒動に端を発して、時価総額の4分の1がわずか数日で吹っ飛ぶ暴落時にチャートの下髭《したひげ》が大きく伸びた下限を見て「下げすぎだ、そろそろ反発する」と思って大量買いして、10日程後に反発した瞬間に売り抜けた。これだけでも相当な利益になるのである。この頃のGREEは時価総額が半減したり倍増したりというとてつもない勝機をもたらしたので、空売りと下限の反発を見極められるだけでも富を1か月で倍増させることも可能であった。ただし、現在のGREEは反発後、下落の一途を辿っており、反発で売り抜けなければ大損をこくか、塩漬けになっていたであろう。デイトレは買いと売りのタイミングがすべてだが、このタイミングを見極めるのが非常に難しい。日々のトレードの中から感性を研ぎ澄ました熟練にしか成功できない道でもある。いずれにせよ株式のデイトレードもしくはスイングトレードから学べることは膨大である。私は、現在事業会社経営で忙しいため、毎日トレードをやっているというわけではなく、企業の不祥事や社会問題をウォッチしておいて、株価が暴落したときに下限を見極め数千万を一気に突っ込んで、反発して上昇したときに売り抜けるという基本スキームを忠実に実行するようにしている。オリンパスや東電など、大型企業の不祥事が年に数回あるのは世の常である。

一方、不動産投資においても日本の普通のアパートなどを疑いもせずに買っていたのでは、その人の未来は暗い。2040年には日本の住戸供給数に対して40％が空室になるというデータも出ているのだ。30年ローンを組んで、アパートを買っても、需要は日々減り続け、空室に悩むオーナーが今後続出する。空室が多ければ、売却価値も下がって、キャピタルゲインどころか、売却損を計上するであろう。明らかに言えることは、今後ますます都心に人口が集中し、地方は過疎化するということである。もちろん地方にも不動産投資の勝機はあるが、当地での需要を明確に予測できる能力が必要だ。私が今後日本の物件を買うなら、あくまで高級タワーマンションのみである。六本木ヒルズや東京ミッドタウンは竣工から5年〜10年を経てもなお住みたい人が続出し、列をなして待っているような状況である。

2012年の秋に六本木ヒルズを作った森ビルが、東京タワーの真ん前に仙石山ヒルズというものをオープンさせる。不況まっただ中に作っただけあって、六本木ヒルズほどのインパクトはないが、私が買うなら、このマンションのペントハウスぐらいであろう。おそらく2億から10億ぐらいのレンジで販売されるのではないかと予想しているが、今も家賃250万近くする家に住んでいるので、その賃貸料で年間に3000万円を支払うことができる。20年計算したとしても6億のローンに4億のキャッシュを足せば、ペントですら買えてしまうのである。どうせなら、そこに引っ越して、家賃を浮かせ、飽きても、もっと大きな資産ができれば、キャッシュで全額返済した後、誰かに貸せば年間4000万は入ってくるであろう。

私の国内における不動産投資の選択基準は自分が住みたいと思える家かどうか、この１点である。高級タワーに住み続けている厳しい私の眼から見て私が住みたいと思う家なら、20年は安泰。私の集客力をかければ空室に困ることはない。そもそもそんなマンションに全く需要がなくなったときは、日本が終わっているであろう。これからも新世代のニューリッチは日本に数多く誕生するのである。

高利益を実現する方法

高利益を実現するのは簡単だ。粗利の高い商売で在庫がなく固定人件費の低い商品を取り扱えばよい。その最たるものは、ＷＥＢ上のソフトウェアと知識である。ＷＥＢ上のソフトウェアとは、たとえば、誰もが気軽に使えるメルマガ配信システムを作るとか、フェイスブックやグーグル、日本企業でいえばクックパッドやアットコスメのようなメディアを作ることである。これは今でも、そして今後も非常に儲かる。成功者になるための鉄板の王道である。そして、もう一つ、私が取り組んでいるナレッジ産業。この本自体もナレッジ事業の一つであるが、付加価値のある知識を多くの人に提供し、富を得る道である。

私は自分が思いつくこと、経験したこと、気付いたことがすべて富になっている。無から有を生みだすことができるので、自分のブランドが続く限り、永遠に莫大な富を稼ぎ続けることができるのだ。いずれも在庫がなく、人件費はほとんどかからない。粗利が高いのは当然である。そもそもクックパッドもアットコスメもグーグルもフェイスブックも実体がない。考え方によっては粗利100％と表現することも可能なのだ。私が手掛けるナレッジ産業も同じである。仕入れ先なんてものはない。仕入れ先は私の頭の中だ。粗利が100％で、在庫がなく、人件費もかからなければ、利益が出るのは当然だ。その利益を広告に回して知名度を上げてもよいし、自分の好きな事業に投資するのもよい。これから起業するならネットメディアか知識産業以外にはありえない。

このように話を進めていると、旧来の頭の固い人たちが、抵抗を示す。「そんな実態のない商売は虚業だ」「情報業界なんてうさんくさい」と。結構、結構。私は理解できない人たちに無理強いをするつもりなど毛頭ない。ただ、真実を伝えているだけである。

かつて、ヘンリー・フォードが自動車の量産を始めたとき、多くの人は抵抗を示した。馬車という高貴で品格のある乗り物に対して、車のような野蛮で危ない機械が代替できるわけがない、と。しかし、目の前の道路を見れば、結果は明らかである。

また、私が崇拝している日本マクドナルド創業者の藤田田《でん》さんは、アメリカから日本にマクドナルドを持ちこむとき、周囲の起業家たちから次のように言われたという。

「米と味噌汁のこの国にハンバーガーなどが流行るはずがない」と。

これに対し、藤田さんは、「金髪に染めた日本人が街を歩きながらハンバーガーを食べている光景が明確にイメージできる」と。結果、渋谷では金髪に染めた若い女の子たちがマックを食べながら歩いている今日の日本なのである。

つまり、何でも新しいものは抵抗を受ける。ホリエモンもそうだったし、私ですらも抵抗を受けている。新しいものに生活を脅かされては大変だ、という人間が持つ安全欲求に基づいているのであろう。現状を維持し、みんなでこのまま今の日本を続けていこうよ、というわけである。ところがどっこい、私たち起業家にはそんなことはできない。新しいものを取り入れ、日本を進化させなくてはならないのだ。自動車やハンバーガーなど、どんな文明の利器ですらも最初は抵抗を受ける。しかし、世の潮流というものは誰にも止められない。私がやらなくても誰かがやる。誰かがやらなくても私がやるのだ。やがて、それは当然の価値観になっている。今の時代の潮流はフリーエージェント社会である。輝く個人が、企業や国の力に依存せず、独立した個人として多くの富を形成する。私はこの文化を日本に普及させるために生まれてきたのだ。情報業界も同じ。今がいくら怪しくても、将来は一個の普通の産業になっている。何事もみんなが「そうだよね」と同意したときにはもう遅い。今からハンバーガーや自動車をやっても、草分けの開拓者たちに勝てるわけがないのだ。そして、勝つ必要もない。我々と過去の偉人とは生きた時代が異なる。我々には我々の革命を推し進める使命があるのみなのである。大勢が怪しいと言っているときだけがその産業の事業機会である。携帯電話も、インターネットも、洗濯機も、皆そうして時代のテストを受けてきた。

協栄ボクシングジムとの業務提携

私は、去る2012年8月16日本社ビルにて、東京中日スポーツ、フジサンケイスポーツ、日刊スポーツ、スポニチ、スポーツ報知など総勢十数社を集めて、記者会見を行った。内容は、協栄ボクシングジムと弊社フリーエージェントスタイルホールディングスとの業務提携についてである。

私と協栄の金平会長が出会ったのは、2012年7月8日に行われたWBC世界スーパーフライ級チャンピオンの佐藤洋太選手、初の防衛戦のときである。このとき、彼女である山田るり子がラウンドガールとしてリングに上がらせていただく機会を頂戴し、私はVIP席にご招待いただき、リングの真ん前で試合を観戦させていただいた。佐藤選手は見事3対0の判定勝ちで防衛に成功し、後の懇親会で金平会長とお会いしたのだ。それから10日後、佐藤選手と金平会長と会食し、業務提携の輪郭が定まった。

私は、目の前で世界戦を見たことで熱狂を体感するとともに、ボクシングビジネスについていくつかの疑問がわいてきた。TBSが生放送をしている世界戦にもかかわらず、客席が埋まっていないのだ。本来ならば立ち見をしている人が出るくらいチケットは完売でないといけないと思っている。そして何より、選手のブランディングが弱い。本来、試合当日はファンの熱烈な応援が不可欠だ。試合が終わればファンクラブへの入会を促し、グッズ販売や懇親会・講演会でも高収益をあげなければいけない。試合の前と当日と後という3つのシーンで、ビジネスがライン状になっている必要があるのだ。

そこで私は、会長に以下8つの提言を行った。

①　佐藤洋太チャンピオンをキャラクター化する。
②　懇親会・交流パーティー・講演会・セミナー・出版・電子出版を本格的に行い、ビジネス化する。
③　タイトルマッチの一次放映権を獲得し、コンテンツビジネス化する。
④　ファンクラブを作り、メルマガを発行して月額課金のビジネスを行う。
⑤　観戦チケットの大部分をネットで流通させる。
⑥　バイラル（口コミ）マーケティングによって、試合前に話題性を喚起する。
⑦　FREEモデルによるスポンサー獲得活動を始める。具体的には、試合の映像をDVDに

まとめて富裕層に無料で配布し、ボクシングへの興味を強めていただく。そして、ネット動画の再生前、再生後に広告枠を新設し、ブログ・メルマガ・ホームページなども作って新たな広告枠を設置。旧来の広告枠と抱き合わせのパッケージとしてリニューアルし、スポンサーを集めていく。

⑧最後に、私が設立したYOZAWA TSUBASA Capital Managementの運用資金を使って、東北復興支援戦や亀田選手などとの話題性のあるボクシング戦などをプロデュースし、高収益の興行を催すことである。

会長は、私からの提言に丁重に耳を傾けてくださり、今回の業務提携が実現した。今後、フリーエージェントエンターテイメントという会社を設立し、協栄の血を組む新会社をホールディングスの傘下に置き、ボクシングを花形産業に再生させていく。今後の動向に期待してほしい。

バズマーケティングで勢力図を一変させる

この私が行った報道記者会見は、バズマーケティングの一種だ。バズマーケティングとは、広報として、消費者の口コミを活用するマーケティング手法である。平たく言えば、一般個人による口コミだ。マスメディアを使っているところを捉えれば、パブリックリレーションのように捉えられるであろうが、実際に私が狙っているのは、報道陣が情報を頒布した後の一般個人による口コミのほうなのである。今の世の中は、巨大媒体が何らかの情報を頒布した後、今度は二次的に個人がその情報を何倍もの速度と影響力をもって頒布していく。日本のネットワークビジネスは、この個人の宣伝力を生かして年商1000億のビジネスを作っている。このパワーを我々ベンチャー企業が使えれば、売れないものはなく、我々が扱う商品を知らない人はいない状況さえも作れる。かつてホリエモンが行った手法は、観察すれば、バズマーケティング以外の何物でもない。

バズマーケティングには、特筆すべきポイントがいくつかある。その1つ目は、コストが全くかからない点だ。記者会見を行うに当たって、資金は1円もかかっていない。むしろ一般観覧者を5000円で30名募集することで利益が出た。2つ目は、ネットを起点とすればマスメディアを使わずにバズを起こせてしまうこと。そして3つ目は、このバズマーケティングを使うことで、一瞬で業界の勢力図を塗り替え、逆転ホームランを打つこともできるという点である。

いつの時代も、認知をされることが最も難しい。これまでは資本力を付けた企業だけがテレビコマーシャルや雑誌広告を使って「資金力＝認知度」の構図で、消費者世界をリードしてきた。しかしながら、時代は変わり、バズマーケティングによって、一気に形勢を逆転することができるようになった。

あなたもこれからは、どうやったら話題となるか、人々が噂したくなるのかを考えてビジネスをやってもらいたい。弊社のグループには、元佐世保バーガーの創業者・吉村啓志がいるが、彼はとてつもなく「どでかい」ハンバーガーやアボカドを挟んだ新種の商品開発などで女性たちの話題をさらった。形勢が悪い状況でも、話題を作れれば一気にその商品は普及する。バズを駆使した者が21世紀を支配すると言っても過言ではないのである。だからこそ、常識的な行動を100回するよりも非常識な行動を1回したほうが手っ取り早いのである。

恋人の力

29年間の人生で、祖父母や両親、偉大な成功者たちの次に私の人間形成に多大な影響を及ぼしたのが、恋人たちの存在だ。人間は、恋愛する相手によって磨かれる。これまで訪れた数えきれないほどの出会いを私はすべて記憶し、未熟だった私と付き合ってくれたすべての女性に感謝している。

中でも私の人生を支えた二人の女性には、どんなに感謝しても足りない。そのひとりが、中学1年のときから恋焦がれ、15歳から学生起業する23歳までの8年間をともに過ごしたTさんだ。

彼女は経営者の娘で、若いなりに自分の理念を持ち、人として大切なことや私のよくない部分を指摘し、恋人だから成立する距離感で私を教え導いてくれた。そのお父さんからも、ことあるごとに人生観や処世術を教わり、それらは私にとって、自分を貫きながらも変革する価値観形成の拠り所となった。

創業時には彼女自身が資本金の一部を貸してくれるなど、本当に親身になってくれたが、野心に燃える当時の私には、結婚して落ち着くことや、彼女を最優先に考えるという思考がまるでなかった。新宿に会社を作り、大宮にほとんど帰らない日々が続くうち、彼女は私との別れを決めたようで、以後、私がどんなに懇願《こんがん》しても戻ってくることはなかった。

私の失意は大きかったけれど、本当の意味での初恋の相手と濃密な思春期を過ごし、苦楽をともにした経験は、何ものにも代えられない宝物になった。

もうひとりの女性は、言うまでもなく山田るり子だ。彼女は私の「命の恩人」だ。

彼女と付き合い始めた頃の私は、7つの店舗出店を目前に破竹の勢いで驀進《ばくしん》しており、るり子は成功の最中に出会った女性だった。彼女の過去の恋愛相手は、年商何十億、何百億のオーナー社長達。デートの送り迎えはロールスロイスのファントムで、プレゼントに200万円のヴィトンの時計や1着50万円のランバンのワンピース、100万円のカルティエのネックレスを贈られることも珍しくない。当然、彼女が私と付き合い始めたのも、私に経済力があることが大前提だと思っていた。

ところがわずか半年後、エスラグジュールの命運は暗転し、苦悩の日々に突入。

もはや彼女に華やかな生活を約束できなくなり、私は同棲を始めたばかりのるり子に別れを切り出した。すると彼女はこう言ったのだ。

「私は家賃が月10万円の家でも全然いいし、あなたがお金を持ってるから付き合ってるんじゃなくて、あなたが好きだから付き合ってるんだよ。誕生日プレゼントもいらないし、ちぃちゃん（犬）と3人でもう一度やり直そうよ」

「リッチでない自分に価値はない」と思い込んでいた私は、この言葉に生きる意味をもらった気がした。るり子は、経済的に成功しているだけでは本物の成功者ではなく、心の豊かさと富の両方を備えて初めて成功者といえることを、身を挺《てい》して教えてくれたのだ。

結果的には彼女のおかげで、倒産後半年という短期間で、前回の100倍もの収入を得る経済的成功を収めた。るり子がいなければ、今の成功は絶対にありえなかった。どんなときも精神的支柱になりうる最強の二本柱は、己の志と恋人の存在なのである。

あなたが女性であれ、男性であれ、恋人から得られる学びは宝だ。大いに恋を楽しみ、愛や夢を語り合おう。そして二人三脚で、人生の夢に向かって邁進《まいしん》してほしい。

直観を大切にし、自分の頭で考える

「分別のある人間は、世界に自分を合わせる。分別のない人間は、世界のほうこそが自分に合わせろと言い張る。ゆえに、すべての進歩は分別のない人間によって左右されるのだ」

これはアイルランド出身の劇作家、ジョージ・バーナード・ショーの言葉。私の価値観に共鳴するコンセプトだ。

また三国志の曹操はこういう発言を残している。

「我、人に背くとも　人、我に背かせじ」

独裁政治を彷彿《ほうふつ》とさせる発言だが、私から言わせればこれぐらいの覇気を心に持っていなければ、世の中を変えることなどできない。私はこの言葉が大好きである。革命家曹操にふさわしい言葉だ。

思考停止状態は、現代において身を滅ぼす最大の害悪となりつつある。たとえば、何も考えずに日々を自堕落に過ごし、おなかがすいたらごはんを食べ、眠くなったら寝ている思考停止状態の人が、たまたま毎月莫大な富を形成していくだろうか？

それは絶対にありえない。思考があるから行動があり、行動があるから富が生まれる。誰かに師事して何かを学ぶ際も、偶然出会った人に教わるのではなく、自分で意識的に選び取っていかなければならない。そんな人が遠くにいるのであれば、その遠くに飛んでいくのである。親も教師も、思想においては頼りにならない。なぜなら世代が違い、生きた思想が違うからだ。親や先生の言うことを聞くのは未成年のうちだけでよい。

「思い立ったが吉日」という言葉があるが、これは私の座右の銘のひとつだ。

「アフィリエイトいいな」と思えば翌日からアフィリエイトを始め、「ロールスロイスのファントムいいな」と思えば、次の日にすぐ買いに行く。「会社を大きくするっていいな」と思えば、その日に募集をかける。

そうやって直観に従い、今できる範囲で全力で実行することで、私は異例の速度で多くの果実を手にしてきた。

直観とは、「なんとなくこっちがいいと思う」という感覚的なもので、潜在意識から発せられる。顕在意識は理由があって結論があるという論理に基づいているが、潜在意識（直観）には理由がない。こっちがいいと思うから、こっちがいいのだ。その直観には、膨大な情報を言葉にもできないほどの一瞬で把握して判断を下すというよりハイレベルな脳のプロセスが背景にあるのである。

潜在意識が発する重要なシグナルである直観に従い行動を変えていくと、人生は必ずよい方向に向かう。なぜなら直観は、あなたという存在の中でもっとも優秀なブレインのアドバイスだからだ。直観で動けば、顕在意識のみに従い論理的に考えて動くよりははるかに正しい道に向かう。

ただし、直観で「よし、インドに行こう」と思っても、潜在意識が教えてくれるのはそこまでだ。あくまで「それがいいよ」とヒントをくれるだけで、実際にインドに行くかどうかは、あなたの顕在意識が意思決定をして実行するか否かにかかっている。つまり成功には、潜在意識のアドバイスと顕在意識が決断を下して体を動かす行動という、二つの意識のジョイントが必要だ。あなたをよい方向に導く最高の直観も、あなたのアクションがなければただのお知らせに過ぎない。

もちろん、直観に従って間違うこともある。けれどその失敗も含め、直観がもたらす結果は今の自分にとって必要な事柄だ。

試練なんて誰も受けたくはない。危険はなるべく回避したい。そう思うのは人間の本能だ。けれど人生を成功させるにあたっては、人間誰しも不足している点がある。それを克服しなければ成功には辿《たど》り着けず、その不足がなんであるかを直観が教えてくれる。いわば直観が呼び寄せる試練を乗り越えることが、あなたが成功する唯一の方法なのだ。

私自身、ベンチャー企業の社長時代の月２００万円という収入と比べると、今の収入は月1億円と50倍も伸びた。それは、直観に従い店舗展開への挑戦をして、失敗して学んだおかげだ。もしあそこで店舗出店を実行していなければ、今も月収２００万円の社長業に心血を注いでいたと思う。

だから私は直観に感謝しており、今まで以上に自分の潜在意識に敬意を感じている。

最強の人たらしになれ

私は自分を最強の「人たらし」だと思っている。

人たらしとは、敬意を表する相手にまっすぐに好意を示せる人間のことだ。自分の尊敬する相手には最敬礼で接し、自分の主張より相手の話に耳を傾け、聞き上手になることが必須だ。

成功できない人は、成功者から好まれない。その最大の理由は、誠心誠意を尽くして人の話を聞くことができないからだ。自分にまだ何も実績がなくても、成功者に強い関心と礼儀をもって接し、「こいつは可愛い」「こいつは使える」と思われれば、取り立ててもらうことも可能だ。

ましてやあなたが成功者にない資源を持ち、それが相手の関心をひけるものなら、成功者はすぐにあなたと連絡を取り始め、自分より上の存在が動くことであなたの人生は一変する。

それは対等な人間同士でもいえる。それぞれ異なる経営資源を持つ人間たちが組み、「私がセールスをするから、あなたは最高の商品を作ってよ」という具合に、互いの突出した技能を交換すれば売上げという名の富が生まれ、自分ひとりでは成し得ない爆発的なパワーを生むことができる。

逆にその連携がうまくいかなければ、当然人脈は壊れる。一方はよい商品を作ったのに、もう一方のセールスがうまくいかなければ、「あの人は売ってくれない」となって疎遠になるのは仕方のないことだ。人が成功するためには、魅力（技術と人柄）と行動力が必要だ。魅力は財と人、情報とチャンスを引き寄せ、行動力がそれらをコーディネートして富に変えていく。

つまり人たらしとは、相手の話を死ぬ気で聞けて、相手の期待以上の結果を出し続けられる人間のことだ。人の話が聞けて、魅力を持ち、期待以上の結果を出せる人は大富豪になれる。

努力は倍々ゲーム

顕在意識と潜在意識を一致させるための最高の方法は、今すぐにできることを考えることだ。ソフトバンクの孫さんもビル・ゲイツも、フェイスブックを創業したマーク・ザッカーバーグも皆、自分にできることをただひたすらやってきたにすぎない。

今やれることを積み重ねると、その経験が自信につながりできることが増えていく。たとえば顕在意識では部屋を掃除したいのに潜在意識が掃除を重要視しておらず、なかなか掃除ができない人は、まずは自分の行為を意識しながら玄関の靴を揃えることから始めよう。いきなり部屋の掃除という最終目標に取り組まないことがポイントだ。より簡単なことから始め、それが楽々できるようになったら次のステップに進めばよい。

これは事業でも、メルマガ・アフィリエイトでも同じこと。毎日、魅力的な文章を配信し続けるというのはあくまで最終目標で、最初は偉人の言葉のコピー&ペーストでよいから配信を怠らないことのほうが大切なのだ。

自分にできる簡単なことをやろうと言うと、「そんなんじゃ人生は変わらない」と思う人もいるだろうが、それは大きな間違いだ。できることの積み重ねは、あなたを倍々で成長させる。厚さ0・1ミリメートルの折り紙を、毎日2つに折っていく自分をイメージしてほしい。今日、0・1ミリの折り紙を2つに折ると厚さは0・2ミリに、翌日0・2ミリになった紙を折ると0・4ミリに、翌々日は0・4ミリの紙を折って0・8ミリになり、0・2ミリの厚みは2日で4倍になる。さらに26日後には約6700メートルになり、1か月（31日）後には200キロメートルを超える。

地上から100キロを超えるとそこは宇宙と呼ばれる。偉大な成果を残す人間は、常に0・1ミリのアクションを継続し、宇宙空間にまで突き抜ける。

そのように、すべての偉業は0・1ミリの行動から生まれるのだが、多くの人は自分に今すぐできる簡単なことを軽視する。潜在意識も努力も日々の積み重ねによってすぐに成果を出してくれるのに、遠い道のりの幻想を見て1センチも超えないうちに大切なアクションをやめてしまうのだ。

私は顧客リストを取るというアクションにおいて、この0・1ミリの努力を誰よりもしたという自負がある。最初は1人、2人の読者とのつながりだったかもしれない。けれどそれを継続していくことで、あるとき宇宙空間に達した瞬間が確かにあった。この一事をもって周囲からは「すごい、すごい」と言ってもらえるが、その実裏では、地味なことしかやっていない。

努力を継続している最中は、果てしなく遠い道のりに感じてしまうこともあるだろう。そんなときはどうか、「努力は折り紙のように倍々」であることを思い出してほしい。

第6章　来るべき未来〜これからの10年〜

有能なリーダーとは

起業家とは集団の中心に立ち、豊かさの源泉を掘り下げていく人間だ。事業はチームでやるもので、一人では絶対になしえない。そして優れたチームには必ず、皆を富に導く有能なリーダーがいる。

私がリーダーの鏡として尊敬し、己のゴールとして目指しているのが、アップルの故・スティーブ・ジョブズとソフトバンクの孫正義さんだ。

孫さんは交渉が抜群にうまく、自分の要求を正当に通す天才だ。私は孫さんが28歳のときに行った講演のお宝DVDを持っているが、そこで彼が語ったのは、高校時代から交渉ばかりしてきた彼の波乱万丈の十数年だ。

孫さんは16歳のとき、日本の高校を1年で中退して単身アメリカへ渡った。英語学校で語学を学び、4年制のハイスクールの2年生に編入するが、1週間で授業レベルを把握すると校長室に行き、「レベルが低すぎる。すぐ3年生にしてください」と申し出て、翌日から3年生に。その数日後には「3年生もレベルが低すぎるので4年生にしてください」と申し出て4年生になり、その1週間後には「大学に入れてください」と交渉した。

困った校長に勧められて高卒資格検定試験を受験すると、テストの際、「自分は英語を母国語とする人間ではない。この問題は日本語なら必ず解けるのに、知らない単語が多いために答えられない。それでは私の思考力がわからないじゃないか」と言って試験官に辞書の貸し出しを求め、ついには州知事に電話で直接交渉して、辞書の貸し出しとテスト時間延長を認めさせ、試験に合格し、高校を中退した。

その後、ホーリー・ネームズ大学からカリフォルニア大学バークレー校の3年生に編入。その編入も交渉によって実現させたという。

大学時代にアメリカでユニソン・ワールドという会社を作り、日本でブームを終えたインベーダーゲームをアメリカに輸入して成功したときも、インベーダーゲーム製造会社との交渉で最盛期には1台100万円近くしたともいわれるゲーム台を破格の金額で譲ってもらう際、「僕はこれをアメリカに輸入してあまねく設置し、代金はリース料で得た収益で必ず払う」と言って後払いを了承させた。

「人生とは交渉である」とご本人が言う通り、孫さんの人生はとにかく交渉の連続だ。その交渉はすべて道を切り開くためのものであり、自分の要求を相手に伝えて「NO」と言われても、諦めずに粘り強くこだわり続けた結果、今の孫さんがある。その強靭な突破力は、孫さんが有能なリーダーたる大きな所以《ゆえん》だ。

一方、スティーブ・ジョブズは、プレゼンテーションの達人として有名だ。スタンフォード大学でのスピーチも、アップルの新製品発表のプレゼンでも、本当に素晴らしい話術で万人の心を動かした。スピーチに関しては孫さんもジョブズを見習っていたと聞いている。

卓越したプレゼン力で人々の心を動かせる人は、お金を動かすことができる。なぜなら、概念がお金を持っているわけでもなく、ものや場所や動物がお金を持っているわけでもなく、お金を持てるのは人のみだからだ。ゆえに人を動かすことができる人は必ずお金持ちになれるし、多くの人は人を動かすことができないからお金持ちになれないのである。

ではその力を会得するにはどうすればよいかというと、日々、面白いエピソードを集め、それを巧みに披露する話法を勉強して身につけるしかない。海外で活躍できるリーダーを目指すなら特に、プレゼン能力はとても重要だ。

そして有能なリーダーに共通していえるのは、構想力が極めて高いことだ。有能なリーダーは、今手がけているビジネスの完成形がすでに自分の中にあるので、チームの向かうべき方向が明確に見えている。反対に結果が見えていないトップが率いると、チームはどこに向かってよいかわからず低迷する。

スティーブ・ジョブズはMacやiPadを試作する際、デザイナーへの指示で「ここにボタンがあったら使いづらいから1センチ下げろ」というふうに、その1センチや数ミリに非常にこだわったそうだ。

それは自分の中に「これじゃなきゃダメだ」という完成形があったからだと思う。もし彼がポイントを押さえた指示のできない「デザイナーにお任せ」のリーダーだったら、果たして今のアップルの成功はあっただろうか？

交渉、プレゼン、構想力。それらを身につけ実践によって磨いていくのは、優れたリーダーに欠かせない土台だ。

21世紀のリーダーの最重要資質

次に、21世紀において最も重要なリーダーの資質を明かそう。それは、「社員に稼がせてやろう」という思いを経営者自身が持っていることだ。

会社とは本来、経営者を頂点とし、経営者と役員だけが儲かる仕組みを持つピラミッドだ。会社が利益をあげても、その多くは会社の固定費や、利益として残され、役員報酬や株主配当などで処分される。下の階層に入る従業員は元来コストでしかないわけだから、いくら儲からせようと思っても、そもそも構造自体がそうなっていなかった。

しかし、21世紀になってまだそんなことを言っていては並の企業しかできない。なぜなら優秀な人たちは皆、独立してしまうからだ。そして会社には、優秀でない人たちばかりが残る。

優秀な人の中にも、「自分も経営者になってトップを張れるけど、すごいリーダーに正当に評価してもらえるならその人の下でもいい」という人は結構いる。企業はそういう人を本当は引き入れなければならず、彼らを引きとめるには当然リウォードする（報酬を与える）必要がある。このリウォードが、以前の私も含め、ほとんどの経営者はできていない。

野村證券時代に孫さんにスカウトされ、1995年から孫さんの下に入ってソフトバンクの成長を支えた北尾吉孝さんは、その後、マネージメント・バイアウトする形でソフトバンク・インベストメント株式会社（現・SBIホールディングス株式会社）を買い取って独立し、代表取締役執行役員CEOとして年商2000億円企業を経営している。

もともとそれだけの器を持つ大物が、ある時期、孫さんの右腕となってソフトバンクグループを押し上げたのは、孫さんが北尾さんに対して能力にふさわしいポジションと報酬を与えたからだ。

私から見ると孫さんは、自分が会社のトップとして俊敏に動くというより、優秀な社長を複数立て、ソフトバンクグループを惑星のようなグループ群に育てているイメージだ。そこに優秀な人たちが大勢おり、孫さんを超える勢いで伸びていく人には独立系列になってもらってもいいと思っているのではないだろうか。

そんなふうに、器の大きい人にはそれだけの席を用意できることも、有能なリーダーの条件だと私は思う。どんな人材も一様に自分の下に置き、「私よりリッチにはさせない」と思っていてはダメなのだ。

ネットワークビジネスの最高峰の方は年収が20億円を超えるとも言われているが、その金額は、創業者（社長、会長）の年収よりも多いのではないだろうか。力のある人にはそういう事例を認めるべきで、むしろ優れた人材には適したフィールドとチャンス、公明正大な報酬を出せば、最高権力者であるあなたの傘下として力を発揮してくれる。

それを社長自らが、部下の能力を恐れて左遷したり、やる気をそいでヒエラルキーを保とうとすれば組織は飛躍できない。これから成長する企業は、社長の度量で支えて従業員を活躍させる逆ピラミッド型の組織だ。経営者はそれを心得て、少なくとも人材の芽をつむことをしてはならない。

私も経営者として、「孫子の兵法」から学んだことはすべて実行している。

たとえば「公平なルールを敷き、公平に処断する」。

給料は役職に応じて不公平感なく明確に固定し、成果報酬を一部取り入れて、会社が稼ぐアフィリエイト報酬の10％を6人の初期メンバーに分配している。1億円稼げば1000万円が分配にまわり、彼らには固定給以外の報酬として1人150万円以上が渡る計算だ。そんな好条件をつけてやる気を引き出しながら、ヘマをすれば徹底的に叱り、成果を上げれば徹底的に褒めている。社長賞を設けて素晴らしい成果を会社にもたらしたメンバーに現金で報酬を与えることもある。さらに会社全体としてネットワークビジネスに参加したのも、個人個人が会社の給与以外で、権利収入を得られるようにするためである。既にフリーエージェントグループでは、ネットワークビジネスのサポートを行う専門の部署まで設置している。

そして、彼らに成長してもらうため、確実にリッチになってもらうため、日夜打ち合わせをして世の中のことを教えている。

私は彼らに限りなく成功者になってほしいので、知っていることはすべて教え、「皆が僕を超えたときが、ここを去るときだよ」と常々話している。もちろん私も、皆に追いつかれないように成長するつもりだ。

そんなふうに、自分の知識を惜しみなく教えられることもリーダーの重要な資質だ。同じ会社の部下に対し、「俺が育てた」というくだらないプライドで伸びる人材の邪魔をする人がいるが、そんな上司やケチなトップはあなたのほうから見限ったほうがいい。

ビジネスは関わる人すべてを幸福にしてなんぼだ。ビジネスは真剣な人間が集う営みであるから、真剣な人間がハッピーになれなければそこで働くことには意味がない。つまり、有能な人材を傘下に置き続け、会社をとてつもないレベルまで発展させたいのであれば、指導者のあり方は極めて重要だ。

起業家は皆を幸せにする義務があることを強く認識し、常に多くの社員に囲まれた状態で居続けられる施策を考え続けることが、大切なのだ。

そして何より重要なことは、社員をお金持ちにしてあげようと思う気持ちとその実行である。その社員への貢献は、後にあなたにさらに莫大な富をもたらすであろう。

ネットワークビジネス×ネットビジネス

ネットワークビジネスの高度に複雑化された報酬の仕組みと自己増殖機能を用いて、目下、我々が開発を行ったのがネットビジネス界にネットワークのよいところを持ちこむという企画だ。ネットワークビジネスが画期的なのは、商品の売込みを接点として次世代のアフィリエイターを増やしていくのとは異なり、「ビジネスをしませんか?」という切り口があることだ。

私の会社Free Agent Styleでは、年商が数百億を超える一流の経営者のご協力を得て起業塾の授業を収録し、ビジネスマン向けの情報コンテンツとして多くの方に配信している。

既存ネットワーク会社や通販会社のように製品カタログを作って、フェイスブックといえばこの先生、○○といえばこの先生というふうに、誰にも真似できないよい商品を集めているのだ。

揃った商品を販売する際、購入者にはまずFree Agent Styleのサイトにインフルエンサー登録(登録料3150円)をしてもらい、会員になった人は全商品を30%OFFで購入できる。

そしてインフルエンサーの皆さんは、自分が「この授業(DVD)、いい!」と思ったら、ブログやメルマガ、フェイスブックなどWEBのメディアを使ってその商品を紹介することができ、その紹介によって派生した売上げの30%以上がアフィリエイト報酬としてバックされるというシステムである。

会員さんが副収入を得るために、自身が使ってよかったと思う商品を紹介するというのはアフィリエイトの仕組みと同じ。しかし私の会社が主宰している「フリーエージェントビジネス」は、多くの人が商品を売り込むためのアフィリエイトセンターとして使われているのではなく、自分がよいと思った学びの文化自体を、フリーエージェントビジネスを一緒にやらない？　という形で普及させている点で大幅に異なるのだ。つまり、物を売る・売られるの関係ではなく、一緒にやっていく仲間を募っている。その上で、自分自身も新規に提供されるコンテンツで学び続けながら、自分が誘った仲間がコンテンツを消費すれば、その消費額の一部が還元される。この一点においてネットワークと類似性を有している。

ただし、既存ネットワーク会社とは異なり、生活用品などは扱わずに情報コンテンツのみを扱う点と、ネット上での紹介とセールスが全面的にOKである点、それから、そもそもアフィリエイトのプラットフォームでもある点から、ネットワークビジネスではないのである。

ちなみに、ネットワークビジネスの既存大手企業には対面口コミという大前提のルールがあり、今後も既存大手がネットでのセールスや口コミを全面OKにする兆しは今のところない。そんな中、「ネットが使えたらいいのに」と思う顧客心理の潮流を現実化し、向学心の高い会員（顧客）が自身も学びながらセールスマンとしてコンテンツを売ったり、フリーエージェント仲間を集めていくというシステムは実に画期的だと思っている。

1章で触れたように、私がやりたいのは、e-コマースとアフィリエイトとネットワークの融合である。インターネットビジネス業界にこれを私が持ち込んだことで、今後、ネット界の市場規模は確実にひと桁あがる。既にビジネスモデル特許も申請したこのビジネスモデルは、世界初のものであり、他に類を見ない。このように私は、市場のニーズをくみ取り、最適なものと最適なものとを組み合わせるマッシュアップ（結合）の発明が好きなのである。

あなたもぜひフリーエージェントビジネスを始めてほしい。必要なのは、初回登録料の３１５０円だけで、ノルマも義務も何もない。あなたは、このフリーエージェントという価値観と学びの重要性をブログやフェイスブック、メルマガで発信するだけでいいのだ。あなたの知らないところで、どんどん仲間が増えていく。知らない彼らが購入した金額の一部は一生涯あなたに権利収入として入ってくる。フリーエージェントビジネスは無限に下につながる多段階の登録者をすべて報酬の対象とする。最高に頑張れば、年収2億６０００万も可能である。

詳しくは、フリーエージェントビジネスのホームページ（http://free-agent-style.asia/）をご覧いただきたい。

経営から投資へ

ＥＣ×アフィリエイト×ネットワークのフリーエージェントビジネスに並び、今後、私が行うビジネスの大きな柱となるのが、２０１２年7月29日に発表した投資ファンドの設立だ。

私は尊敬するウォーレン・バフェットの甚大な影響で、アパレルの経営者時代からファンド・マネージャーになるのがひとつの夢だった。私はバフェットから多くを学び、彼の投資哲学から自分の経営哲学を導き出してきた。

彼は投資の天才で、彼が投資した会社は時価総額が数倍以上になるなど、ことごとく成長するので、そのバフェットの投資対象会社の特徴を会社運営に取り入れれば自分の会社もうまくいくのではないかと思い、彼の著書を読み漁った。

たとえば彼は、「構造上、粗利は富の源泉だ」と断言し、粗利が高くない企業には決して投資しない。そのとき、「アパレルという業種がそもそもダメなんだな」ということに私は気付いてしまった。

そしてバフェットは、いくらITベンチャーがバブルになっていても、自分がわからない業種には絶対に投資してはいけないと言っている。これは事業も同じで、社長自身が詳しくない分野に乗り出した企業は例外なく失敗している。

『金持ち父さん貧乏父さん』の理論でいえば、ビジネスオーナーの頂点がマイクロソフトのビル・ゲイツで、投資家（インベスター）の頂点がウォーレン・バフェットだ。米フォーブス誌の調査に基づく世界長者番付では、5兆円超の金融資産を持つといわれるビル・ゲイツが1994年以来、13年連続で1位を獲り、名実ともに世界一のお金持ちだった。

ところが2007年に初めてウォーレン・バフェットが世界1位になり、ビル・ゲイツのランクは下がっていった。0から1を生み出し、世界にコンピュータを普及させた覇者であるマイクロソフト帝国の皇帝を、投資業という実態なきテクニカルな頭脳産業に命をかけてきた投資家が抜いたのだ。

その交代劇は、「ビジネスとインベストメントのどちらが本当のナンバーワンなのか?」と思い続けてきた私にとって、快挙以外の何物でもなかった。

そこから投資業に俄然興味を持った私は、バフェットが信奉する政治家のベンジャミン・フランクリンや、現役のファンド・マネージャー、ジョージ・ソロスとその相棒だったジム・ロジャーズなど、ウォール街で億単位の金額を動かしていた指折りのヘッジファンド・マネージャーたちについて調べた。

アジアでも近年は、20代の日本人新興ファンド・マネージャーたちが、一発で何十億円を動かす大勝負をしている。その勝負は実にテクニカルで、そんな魅力的な世界があるのに未体験でいたくないと思い、私もフリーエージェントになってからデイトレをやり始めた。

今、私が行っている投資は、1週間でいくら稼ぐかを積み上げる感覚の短期投資(スイングトレード)だ。バフェットの投資法は5年から10年で時価総額2~3倍を目指す長期投資だが、そんな銘柄はめったにないし、なにより5年から10年というスパンは今の私の人生観に合わない。

しかし投資の真の醍醐味は、将来伸びるであろう会社に投資して、長期間見守る長期投資だ。自分が育つと思った本当にいい企業を信じ続ける。そこに私も魅力を感じている。

私も将来的には、数千万～1億の小さな金額で短期投資をするのではなく、広く多くお金を集め、数十億～数百億単位の金額を投資して長期投資のうまみと面白さを味わいたい。ただ、それを自分の力だけでやることは至難の業だ。そこでファンド・マネージャーとしての夢を叶えるために、仲間たちとジョイントして設立したのが与沢ファンドだ。

この与沢ファンドの第1号プロジェクトは、純粋な投資というスキームを使わずに、金銭消費貸借という借金のスキームを使ってそれに利子を15％と報酬を15％という特約で年間30％の利益と元本を会社自体で保証している。つまり1000万円を私に預けてくれるだけで月25万の配当を得られ、1年後には元本として1000万も戻ってくるのだ。このスキームをプロジェクト・ファイナンスと呼び、顧問の弁護士も付けて、法的な側面を完全にクリアしている。

なぜこのような高利益を保証できるのかというと、我々が事業会社としてネットビジネスで直接運用するからである。他の事業会社に分散投資するようなベンチャーキャピタルとは違って、私の会社が集めた金は、私がファンド・マネージャーとしてネットビジネスで直接運用する。

私はゼロから半年で5億を稼いだ。だから1億あれば、1年でゆうに20億ぐらいにはできるのである。だから30％の利子でも非常に安いぐらいだと思っている。

この30％の還元率は、世界一といっても過言ではないため、テレビのオファーが集まり、さらに発表当日には40名のクライアントだけに告知し1億近くが集まり、今なお爆発的な速度で資金が集まってきている。それもそのはず、たとえば消費者金融から15％で借りてきて預けても、15％の利益が出てしまう商品である。私の実績と力を知っている人であれば、預けないほうがおかしいといえるぐらいの条件になっている。年間30％の利回りとはそれほど凄まじい。不動産投資の利回りが5％～10％であることを考えれば、空室を埋める努力や物件の管理をしないで、ただ預けておくだけで、30％入ってくるのがどれだけすごいかはわかっていただけると思う。美味しい話には罠がある、というが、この商品に関しては罠など一切ない。出資の元本と年間の利子は私の会社に既にあるし、その分は別の金庫で保管しておく。だから最悪の場合でも預けた人に害は及ばないようになっているのだ。また弊社はこれまで一切の有利子負債のない無借金経営である。

では、なぜお金もあるのにこんなことをやるのかというと、率直に言おう。マスメディアが動いてくれるぐらいのでかいことをやって与沢の名前をバイラル（爆発的）に全国に広めたいのだ。そして、もちろんこれだけの金があれば、私の事業構想は現実のものとなり、２０１７

年に1000億の連結企業を作ることも夢ではなくなるからでもある。

与沢ファンド設立の背景

1年ほど前から、「与沢さんが今度やる会社に出資したい。出資はできないんですか?」「与沢さんに資金運用をお願いしたいんですけど」などの問い合わせが非常に増え、ファンド設立について真剣に考えるようになった。

ファンドを作るといっても、自分の会社に出資させると自社のオーナー権が分散して管理が大変になるだけで、私に大したメリットはない。しかし国民扇動力の集結においては、ファンド設立には大きな意味がある。

そこで、そんなに出資したい人が多いなら、1口50万円で皆に出資してもらおうと思い、こんなプランを練った。まず出資の母体会社を作り、皆がそこに1口から20口などの金額を貸し付ける。それを私が月利30%保証で運用し、1年後の償還時まで、元本と利益を私の会社が保証する。

先ほども述べたが1000万円出した人は、1年後に1300万円を手にすることができる。

元本保証で1・3倍になれば、1000万円の預け入れで300万円の年収が入り、月25万円の不労収入が得られる。こんな利率を付けた投資商品は本来ないが、あるとすれば、ハイリスク型投資商品といってそもそも元本など絶対に保証されない。

しかし私がオプトインというネットのアフィリエイト等を使えば、1億を2億円以上にすることは、100％に近い確率で可能なのだ。

次にどういう利益を出すかだが、まず1億円の出資を集めたら、投資効率を見極めつつ、今まで買えなかったバナー広告やYouTube広告、フェイスブック広告など、インターネット上の広告を買いまくる。

そして100万の顧客リストを集め、そこに対して私がファンド・マネージャーとしてオプトインアフィリエイトや他の一般アフィリエイトを繰り返して回収する。すると、今までオプトインのキャンペーンの単位は1位が1500件ぐらいだったものが、桁が変わって10倍にもなりうるのだ。これは業界に新規のお客様をお連れするという意味でもマーケットへの貢献となる。

当初、このプランを証券会社の友人たちに話すと、「それは大ブレイクする」「僕らも1000万円ずつ出資したい。僕らが出資したいと思うのだから、皆はもっとそう思うはず」と湧き立った。

何度も言うが、集めたお金×1・3倍の元本+利子の金額は、最初から別の金庫に保管しておく。だから、万一しくじった場合にもそれを出せるようにしておくので安心なのだ。

集まった1億円は、私の技術で死ぬ気でやれば恐らく1年間で10〜20億円にはなるので、その10億円から1億3000万円を出資者に払い、残りの8億7000万円を今回ジョイントする4社で等分する。すると、1社あたり年間2億円以上の利益が出るので、それを軍資金に規模をもっと大きくできる。成長を重ねて100億のファンドになると、投資対象がインターネットビジネスだけでは市場が崩壊するので、投資対象に金融商品やアジアの不動産投資を追加していくことも視野に入れている。


しかし、私がいくら「一生をかけて100億のファンド・マネージャーになる」と言っても実績がなければ絵に描いた餅だ。そこでまずは小規模な集団で日本最大のハイリターンを1年で実現し、実績を上げて話題を呼び、社会から信頼を集める計画を立てた。

まずは飛び込む。これが私の習い性だ。この目的を達成するために、目下、社員ともども眠れない日々が続いている。

私が事業にこだわるワケ

会社倒産を経て個人の力で復活を果たした私は、今ネットビジネスで月1億円の収入を得ている。買いたいものは何でも買うことができ、本当の意味で初めてお金持ちになれた感覚を持って、物心両面においてしみじみ満足感を得た。

ところがしばらくすると、悠々自適にフリーエージェントと言っているのがつまらなくなり、今年の3月、4月は非常な虚無感に駆られた。燃え尽き症候群ではなく、「燃えきれない症候群」だ。

会社倒産後、当面の目標は個人の再生・再建だったが、それが叶った後は目標がなくなり、必然の流れのように歴史小説、歴史映画、歴史マンガに没頭。中国立国時代や春秋時代の誰も知らないような小国の国王たちの行く末を追い、朝から歴史、深夜まで歴史という毎日を2か月間繰り返した。

そんな日々の中で私を変えたのが、春秋時代の「呉越の戦い」のエピソードだ。呉越の戦いは、父王・闔閭《こうりょ》の恨みを晴らそうと越への復讐に燃える呉王・夫差《ふさ》と、越王・勾践《こうせん》の生涯に及ぶ因縁の戦いだ。

「孫武の登場によりさらなる国力を得た呉が、復讐に燃え富国強兵を進めている」という情報を得た勾践は焦り、越の名軍師・范蠡《はんれい》の反対を押し切って、機先を制して呉を攻めたが敗退。越は呉の属国となった。夫差は勾践を家来にし、便を食わせたり自分の馬を引かせるなど奴隷のような生活を強いた。

帝王の血を引きながら屈辱を味わった勾践は何度も自殺を図るが、范蠡に、「越国は代々の王と民が築き上げたもの。それを陛下お1人の面目のために滅ぼしてもよいのですか。今こそ王たる者の真価が問われるとき。この国辱、恥辱に耐え、越の復興に賭けるのです」と戒められる。そして勾践は属国時代を耐え抜き、己の驕りと過ちを反省して、ついには14年の苦節を経て、呉を滅ぼすのだ。

そのドラマチックな顚末《てんまつ》を読んで、私は奮《ふる》えた。

企業の攻防を国々の戦いにあてはめると、私は恥辱を味わった敗軍だ。にもかかわらず、このままベンチャー界を見返すことなく消えてしまっていいのか？　フリーエージェントとしてのみ生きるのは、自分にとって「逃げ」ではないのか？　そう思って立ち上がった。

私はネットビジネス界ではほぼトップをとったので、今後は世に300年続く会社を作ることが人生死ぬまでの目的になった。

2012年2月に、AIJ投資顧問株式会社が企業から受託した年金資金約2000億円を運用失敗により消失させた問題が明らかになったが、既存のファンドや国家に国民を支える腕がないのなら、私が皆のお金を集めてネットビジネスで運用し、国民に返してあげようと思った。

それには会社の面構えも必要だ。そこで事業拡大に伴い、2012年8月1日に敷金5000万円、家賃約500万円、内装工事や家具代に1億円をかけた260坪のワンフロアオフィスに移転。50坪超のバーラウンジや社員が泊まれる仮眠室、大きな会長室に200名が入るセミナー会場、そしてスタジオなど、ありとあらゆる機能をこの260坪に詰め込んだ。人員も大幅増員し、立派な社員を育て、社員全員が年収数千万を稼ぐ外資系のような会社を作るのが目標だ。

2012年7月の人員募集では、4か国語を操る女性、SEOのプロ、動画編集のプロ、ECビジネスのプロ、元ラジオディレクターでパーソナルブランディングのプロ、そして自分の会社をFC2という会社に売却してきた強者など、新たな逸材が集まった。

これから本格的に没頭していく買収した携帯サイト・ガルマガ事業やカラーコンタクトレンズの製造・販売も今がチャンスだ。若い女性たちに人気の使い捨て（ワンデイ）コンタクトレンズはリピート率が高く非常に儲かる。法改正により事業者が限定され、供給が局限されたので、僕らも免許をとって逆にこれを勝機として製造を行うことにした。使用期限が長く、在庫スペースをとらない使い捨てコンタクトレンズなら、在庫管理上も問題なく、粗利も高い。また、通期で売れるためアパレルのブランドのように季節性もない。

私は人々の集まりを重要視しており、人の集まるラウンジを作ったり、飲食店を買い取ることも考えている。さらに、私が構想に1年以上をかけ、ビジネスモデル特許を申請中のフリーエージェントビジネスは、2013年度に年商100億円、2017年度に年商1000億円を本気で狙えるだけでなく、日本を変えるきっかけになると思っている。このビジネスの本質は、ネット上の口コミの真のパワーを起爆させることにある。日本の企業は長らく口コミを軽視しすぎてきた。お客様を連れてきてくれるのはお客様の場合であることが多いのに、そこに対して何の報いもせず、ただ、放置してきたのである。私は、こうした日本の口コミ軽視を完全に塗り替え、Aさんが連れてきてくれたBさん、そして、Bさんが連れてきてくれたCさんがいるのならば、次のような言葉を常識にしたい。Aさんがいたおかげで Cさんがお客様になってくれました。だからAさんには公正なる報酬をお支払いします、と。私はネット界の口コミの因果を厳正に評価し、流通に革命を起こすつもりである。

それと同時に、21世紀は一人の個人が稼げるチャンスだというぶれないメッセージを伝え続け、フリーエージェントを啓蒙し養成することが己の使命だと思っている。フリーエージェントビジネスは、私が口だけでフリーエージェントを唱えているのではなく、本気でフリーエージェント社会を到来させたいがためにやる、実行による証明なのである。

国家を動かせ！

日本は、国家から国民に与えられる情報が非常に少ない。議会が選んだ人間が内閣総理大臣になる代表民主制は、議員を選ぶまでの間接民主制であり、国民は直接、国の代表を選ぶ権利を与えられていない。さらに大臣の指名も総理が行うため、総じて、内閣とは国民とは遠い存在であるかのように感じられる。つまり、国会で何が行われているかを具体的に知ることは制度的にも難しく、現在の国民は無力になり下がっている。

では国民が無力でなくなるにはどうすればよいか？　極論を言えば、有権者100万人を動かすことができれば、国の議会を構成するメンバーを総入れ替えすることもできる。そのためにも、有権者の中にヒーローが誕生して多くの有権者を動かせる状態にならなければいけない。これは政治家にとって非常に脅威だと思う。しかし政治家にも真の脅威なくしてよい政治はやれないのである。公のリーダーになる人には、そういった緊張感が必要だ。

私は国民一人ひとりの意識を変えて、最終的には国を動かしたいと思っている。これからの時代は、日本国民全体を巻き込んで大きなうねりを起こすことが、個人のためにも国家のためにも必要だ。一人ひとりのパワーを元気玉のように集め、そのとんでもないエネルギーをボン！　とぶつければ、国家を動かせると本気で考えている。

あなたは、2015年に日本がデフォルトの可能性に見舞われていることをご存知だろうか？　我が国は900兆を超える借金を抱え、毎年数十兆円ずつ赤字が積算されている赤字国家だ。

デフォルトというのは「お手上げ」の状態、金融用語で解釈すれば債務不履行を指す。つまり「借金が払えなくなったので、棒引き（チャラ）にしてください」と宣言する可能性があるということだ。2015年という時期の正確性は定かではないが、その時期は突如やってくるもので、絶対に来ないとは誰にもわからない。それは倒産を経験した私が一番よく知っている。デフォルトとは国の倒産を意味する。

2010年に財政破綻が露呈したギリシャほどではないにしても、このままいけば、いずれ日本は自己破産して再生するしかなくなると思う。そうでなければ、我々が支払う税金が高騰するだけ。これは間違いない。なぜなら基本的に国は税収で回収するしか金を稼ぐ仕組みを持っていないからである。あるいは、赤字を減らせる有能なリーダーがこの国に誕生するかである。日本がなくなることはないであろうが、本当にどうしようもなくなれば諸外国に買われる可能性はありうる。実際に、日本の領土を巡って、尖閣諸島の買収の話が話題に上がったぐらいだ。そもそも日本のものだとされてきたものが中国が領有権を主張してから東京都がこれを買おうとしている。ふと思うのだが、アジアの大富豪がもっと高い値段を出してきたら、それはアジアに譲るのであろうか？　あの話を見ていると、会社どころか100年後には国の買収が行われていてもおかしくない。まして、日本がデフォルトでもすれば、円の対外的通用力は下がり、通貨の価値が暴落する恐れがある。そうなれば今皆が持っている日本紙幣は紙切れになるのだから、日本人では日本を守りきれなくなるであろう。

そんな日本で、のんきに銀行に貯金している場合ではない。

「日本は誰かに任せておけば何とかしてくれるでしょ」「私たちは無力だから」と思うのではなく、個々がリッチになって手持ちの財産を外貨預金や不動産に換えておくなど、きちんと手を打っておかなければいけない。そうやって危機に備えるにしても、経済力がなければそういう発想にはまずなれない。

国家が低迷する今、年商数千億円以上の企業の社長たちは皆、「日本の政治家はダメだ」と声を揃える。普通に考えれば、歳出をとことん抑えればよいだけである。歳入を極端に増やすことはできないのだから、まずは出血（歳出）を極限まで抑え、それでも足りない分が出るのであれば、残りのコストが本当に必要かどうかについて、もっと徹底的に検証するべきだ。

カリスマ的リーダーがちゃんと動けば政治は変えられるのに、そんな改革もできずに平然とした顔で原発の稼働・廃止などの話を、だらだらとしていてよいのか？　もちろん原発問題は日本のインフラとして非常に重要な話だが、もっともっと重要なのは、国の赤字のほうであると思えてしまう。

そんな状況下ではなおのこと、国民一人ひとりが国や大企業を頼らずに経済力をつけることが必須である。何も万人が実業家を目指したり大投資家にならなくてもお金持ちになれる道が、今、国民皆に用意されている。

国や会社に頼らなくても稼げる力を身につけることは、個人を絶望の淵から救う。フリーエージェントを広め、育てることは、1998年以降14年連続で3万人以上の自殺者を生んでいる日本を変え、10代、20代の若者の自殺を阻止することにもつながるのではないか。

21世紀は、日本が多くの成功者を生み出す100年にしなければならない。もし日本が100万人の成功者を輩出すれば、それだけ税収も増え、英知も養われ、国力が増し、諸外国に対して存在感を示せるようになるに違いない。まずは日本をある分野で代表し、将来は外貨を稼げるくらいのフリーエージェントになっていかなければならないのである。

志を高く

私は、グループの朝礼や会議、動画やセミナーなど至るところで、この言葉を発している。人の器は志の高さに比例しているからである。今は何もできなくとも、志だけは終始高くなければいけない。日頃念じる志にあなたの行動は支配される。今はできなくとも口にすることで確実にそこに近づいていく。志とは野心である。成り上がりたい、成功したい、日本のトップに立ちたい、国を動かしたいという気持ちは、最初は利己的な自分都合かもしれない。けれど、そんな自分都合の野心を持ち続けた人だけが大業をなし得る。最初は荒削りの野心だったものが、さまざまな失敗や挫折、栄光、栄華を経ることで美しい志へと研ぎ澄まされていく。

かのソフトバンクの孫さんも、20代のときに年商100億を超えて「プリンセスボーイ」と呼ばれたときは、散財をしたという。アップルの創業者スティーブ・ジョブズも若くして莫大なキャピタルゲインを得て、その金で豪邸を建てたと聞いている。しかしどうであろうか、最後には、iPodとiPhone、iPadを生み、世界を変えた。ソフトバンクグループの孫社長は、今や日本の希望となる実業家である。歴史を見ても、野心を抱いた武将たちが洗練される過程で大義に出会い、己を変え世界を変えてきた。

今の日本でもっとも問題なのは、若い世代にエネルギーがないことである。「草食男子」や

「ゆとり教育」など言語道断。そんな軟弱なやつらの行く先に間違いなく日本の再生はない。

だからあなたもたった今から高い志を持ってほしい。その志がいつの日か、洗練されて日本の希望となるであろう。

2022年の未来予測〜富の地殻変動とは?〜

2012年6月以降、私が定期的に開催しているセミナー会場で、20代前半の若者たちからこんな声をかけられる機会が増えた。
「与沢さんの教えでオプトインを始めて、今、月に200万稼いでます」(23歳・男性)
「アフィリエイトで稼いだお金でベンツを買いました」(22歳・男性)
「YouTubeとブログだけで、月収700万円になりました」(23歳・男性)
若い子たちは素直なので、私に刺激されたら愚直なまでに実行し、着実に成果を出している。
実際にジャパニーズドリームがそこら中で実現しているのを見て、私はとても嬉しくなった。
一方、万人に開かれたチャンスがあるのに、斜に構えた見方で疑ってかかり、本気で実行しない人たちは、もったいないと思う。

疑う暇があったら、今すぐ行動して稼いだほうがいい。現実、実際に稼いでいる人間はたくさんいるのである。


昔はお金持ちといえば、地主や事業オーナー、不動産や株を大量に保有する人たちの成功パターンがあった。でも今は、東京・渋谷を見ても、人気のあるビルだけは入居が集中しているが、それ以外では都心であってもオフィスビルや店舗ビルで空室が続いている。そしてかつて「私は○○ビルのオーナーだよ」と偉そうにしていた旧来の不動産オーナーや事業オーナーたちが皆、「借り手がいなくなった、家賃相場が下落している」と言って僕らに話を聞きたいとやってくる。実際に丸の内のガラス張りの巨大ビルなどは10年前に坪10万で貸し出されていたこともあるが、今では坪4~5万で上限である。つまりわずか10年で半減している。

このまま行くとさらに10年後にはどうなるだろうか。

人口は減り続け、まず都心に移動が起こる。地方はさらなる過疎化が絶対であろう。ネットビジネスで地方から全国を商圏にしているのであればよいが、そうでないなら、今すぐ東京に出てきて僕らと勝負したほうがいい。私の会社では弟子も募集しているので、エキサイティングな経験を積んで成功者になりたいのであれば、ぜひ応募してもらいたい。

２０２２年、日本は富の移動が起こり、よくわからない人たちがお金持ちになっているはずだ。今まであった富の分布がザーッと移動し、個人の力で月収１０００万円を稼ぐような20代前半の若者たちが富を蓄積し、大人たちは苛立つ世界になるかもしれない。

いつの時代も、大人が若者に苛立つのは世の常だ。ライブドアのホリエモンやサイバーエージェントの藤田晋社長たちが出てきたときも、大人たちは最初、「なんでこんなガキどもが」と苛立った。とはいえホリエモンたちはＩＴベンチャーの優れた実業家であり、成功するのは当然だ。元々大物である。

しかし今後は、実業家でもなんでもない個人が、大人たちよりもお金持ちになるのだから、10年後に取り残されないように、あなたも今から力を蓄えておかなければいけない。フリーエージェント・インパクトは尋常ではない。

人と向き合い、人を育てる

かつて経営していた会社・エスラグジュールの倒産を通して私がつくづく学んだのは、「企業は人なり」ということだ。当時の私は、売上げと技術の向上に猛進し、社内の調和や社員に対する教育に欠けた経営者だった。いくら高度な技術力があっても、組織は内部が崩壊するとダメになる。

月収200万円の社長時代の私の生活は、手取りが140万円で、六本木ヒルズに住んでベンツに乗り、皆をちょこっと食事に連れていけばもう終わり。お金があるように見えて、実際は余裕がなかった。そんな自分が月に1億稼ぐようになると、社内の人間をはじめ周囲に対して惜しみなくお金が使えるようになった。

たとえば、旅行や飲み会、みんなで行く遊園地代など費用は細かいところまですべて出すのはもちろんのこと、会社に設置しているウォーターサーバーや社員の非常食、常備薬の補充など、皆の健康と充実を考えた福利厚生に自然と目が向くようになった。

両親や、倒産時に私を支えた戦友のような彼女に対しても、感謝の印を形として実行することができたし、その富と影響力をもとに、取引先からも「与沢さんが動いてくれれば大丈夫」「与沢さんについていきます」と言われて頼られる存在になった。人はダントツに突き抜けて富を得たときに、本当に人のことを思えるようになること、そして個人の充実とそのパワーがいかに多くの人に力を与えられるかを痛感した。富は偉大である。

2012年6月9日に初めてネットワークビジネスのセミナーを行ったときのことだ。お客さんがゴミを持っているとそれを回収に行き、私がタバコをくわえるとさっと火を付け、吸い終わるまで携帯灰皿を持っているなど、セミナー受講者のことを思い、私を含めすべての人に目配りをして先手先手で動く弊社スタッフを見て、感心されたネットワークビジネス会社の関係者の方々がこんなふうに言ってくださった。

「こんなに素晴らしい社員や会社は見たことがない。彼らを見ていると、こういう人たちを引っ張っている与沢さんという社長の器や品格がわかります」

その言葉は、近年褒められた中で最も嬉しいひと言だった。

「与沢さんは本当に稼ぐ才能がある」「あなたのビジネス手腕は天才的だ」などの言葉は僭越《せんえつ》ながら、少し聞き慣れていて、言われてもあまり嬉しくないのだが、この言葉は私のハートにまっすぐ届き、心の底から社員たちを誇らしく思った。

私が持てる知識のすべてを社員に伝えて教え導き、物理的にも彼らの生活を支えることで、それ以上のものを彼らが返してくれたのだ。

今、私の周りには、私をよく理解して、支援・協力してくださる方が大勢いる。むしろその数では誰にも負けない。テレビに出たりして目立っているので、妬みや悪口の対象にされることもあるが、正直、全く気にしていない。

尊敬する先輩、偉大なる実業家の方々。愛する家族と彼女、会社の仲間や経営者仲間、友人たち。『与沢塾』1期生の1200名の塾生さん、『フリーエージェントクラブ』170名の塾生さん、ネットワークビジネスのフロントの200名の方々、FASアフィリエイトセンターの1万5000人のアフィリエイターさん。そしてビジネスやプライベートでお付き合いのあるすべての方々。これらが私の財産だ。

大切な人たちと皆で幸せを享受し続けるために私が決意しているのは、これからも、べらぼうに稼ぎ続けること。まずはフリーエージェントビジネスで成功者を多数輩出する。そして、ファンドを通じて大きいことをやる。多くの人に利益をもたらし、私も利益を得る。ここからの戦いは、個人でどうこうできるレベルではないと思っている。だから、社会とつながるのだ。

自己実現の難しさ

経済力は、自分の体験や生活を変え、ステージを変えるという意味で最も強力な武器だ。極端な話、お金さえあれば、人間がおよそ感じるすべての欲は叶えられる。お金はそれぐらいパワーを持っており、まずはそれを持つことで、自分が本当に何をしたい存在なのかに気付くことができる。

アメリカの心理学者、アブラハム・マズローが唱えた欲求段階説によると、人間の欲求は5

段階のピラミッド型になっており、底辺の欲求が満たされると1段階上の欲求を志すようになると説明されている。

人間の欲求のレベルは、生きるうえでの根源的欲求である1段階目の「生理的欲求（衣食住の確保）」と2段階目の「安全の欲求（安定思考）」、社会的な関わりを求める3段階目の「親和の欲求（集団帰属）」と4段階目の「自我の欲求（認知欲求）」、そして5段階目の「自己実現（創造的活動）」にわけられる。

自己の能力を発揮した創造的活動を行う「自己実現」がピラミッドの頂点にくるのは、その実現が非常に難しいからだ。


私の来歴を思い出してほしい。最初は弁護士になろうと思ったけれど、本当になりたいのは起業家だった。でもなってみたら違って、自分はお金持ちになりたかったんだと思った。でも悠々自適なお金持ちになったらこれも違い、やっぱり本当は大きな会社を作り、ビジネスに身を投じている瞬間やプロセスを楽しんでいることに気付いたわけだ。

13歳でビジネスを始め、自問自答を繰り返しながら10代後半から死に物狂いで人生を立て直し、23歳のときから本格的な会社経営者として波乱万丈の人生を生きてきた私ですら、「ビジネスを通してパワーを手に入れ、日本国民全員を幸せにしたい」という自分の真の目的に気付いたのはほんの半年前なのだ。

ましてや大学を出たての20代前半の若者が、自分がどういう人間で、何に向いており、本当は何をやりたいかなんてわかるはずがない。自分が何者かなんて、見当がつかなくて当たり前なのだ。

最初は何もわからなくてよい。今自分にできることを必死でやって経済力をつける過程で、自分が何者であるかがだんだん見えてくる。

さらに、身についた経済力で新たな体験を買うことで、自分の趣味・嗜好や適性がわかる。つまりお金持ちになることは、すべてを解決し、自己実現を手にする一番手っ取り早い方法なのだ。


今まで言われてきたのは、「お金がなくても幸せに生きられる」というメッセージだ。それはそうかもしれないが、それがあなたにとって本当に最適であり最高か？　と聞かれたら、心の底から満ち足りて「イエス」と答えられる人はどのくらいいるだろうか。本当のあなたはどこにいるのであろうか？　一度富を持ってみて、やはり質素な日常こそが自分を幸せにすると確信し、「それが最高、最適だ」と胸を張って言える自分になるためにも、まずは経済力を手にする過程も必要なのだ。

成功のためのキーワードは、世の中の普通の人たちを何人動かせるか。それがあなたの成功の尺度だ。人を動かせる人は、必ずお金を動かせる。

あなたももう一度、これまでの人生を振り返ってみてほしい。自分の人生、これでよかったのか？　これからどう生きたいのか？

そして己の直観に忠実に従って最初の一歩を踏み出し、全身全霊で目標に向かって進んでほしい。その先にあるのが正真正銘の、リアルなあなたの人生だ。

おわりに

私は年商10億のアパレル会社を倒産させたあと、夢を諦めず、強く望んだことで起死回生をはかり、個人で月収1億円稼ぐスーパーフリーエージェントになった。

その過程で成功と失敗の両方を味わったわけだが、成功者と失敗者はいったい何が違うのか？

私は成功者とは、壁にぶつかったとき決して逃げずに立ち止まって乗り越える人、失敗者とは、壁にぶつかると言い訳をして別の道に行く人だと考えている。

本書を読まれたあなたはすでにご存知の通り、私は成功者でもあるが失敗者でもある。私が経験した数々の成功体験は、それ以上の失敗体験の元に成り立っており、つまり私は失敗しまくっているのだ。ただしここで重要なのは、行動する人には失敗が伴うが、〝失敗をした人の中からしか成功者は生まれない〟ということだ。

あなたも自分が成し遂げたい成功がイメージできたら、今できることに今日から着手して、言い訳なしで勝負して、恥をかくときは恥をかき、失敗するときは失敗してほしい。恥をかいて思い切りコケると次が見え、その体験自体が勉強になってあなたを「進化する人間」に変えていく。

もちろん、成功するためには、ただ継続していればいいわけではない。知恵をひねり出して知恵によって結果を生み出していかねばならない。しかし、根底にあるのは諦めない気持ち、これが何より大事だ。

不幸や災難が襲いかかろうが、一時的に一文無しになろうが、決して成功を目指すのをやめてはいけない。まだ成功していないと思っている人は、成功までの過程で自らギブアップしているだけだ。中途半端なところでやめてしまうから、その先にある成功に辿《たど》り着けない。あと少し、あともうちょっとのところに成功はあるものだ。

何をスタートするにしてもそうだが、まずは自分の気持ちがとても大事だ。諦めない気持ち、決して揺らがない強い思い、お金への正当な執着がなければ成功なんて摑《つか》めるわけがない。意志なきところに行動はなく、自ら動こうとしない人に成功はありえない。

最初は迷いながらでいい。そのときどきで「コレだ」と思う自分の直観をとらえ、心の叫びに耳を傾けよう。「自分は何のために生まれてきたのか？」を問い、不屈の志で目標を定めて前に進もう。そのバックアップとして、本書を何度も読み返してほしい。21世紀を生きる上で必要なことはすべて書いたつもりだ。だからこそ、すべての意味を理解し、記憶して再現できるぐらいに読み倒してほしい。私の約30年間の波乱万丈の人生をすべて記している。
人生の幸せとは、今この瞬間も、明日も明後日もワクワク感を感じ続けられることだと思う。行動がいつも幸せを運んでくるとは限らないが、行動なしの幸せもまたありえない。

夢は、諦めた瞬間に露となって消えゆく。
だから強く強くイメージし、行動し続けてほしい。
必ず叶う。成功なんて簡単だ……。

２０１２年９月

Free Agent Styleグループ　会長　与沢　翼

[著者プロフィール]

与沢 翼（よざわ・つばさ）

株式会社Free Agent Style Holdings　代表取締役会長
グループ11社で年商約50億円

1982年11月生まれ。

東京ミッドタウン在住。

小学生の頃から商売を始め、高校は私立武南高等学校を3日で中退。30以上の職種を経験し、自身でも洋服やバイク、車の転売、仲介のビジネスを興す。

19歳で勉強を開始し、大検を取得して9ヶ月後早稲田大学社会科学部に入学。

入学後、弁護士を志すも、年商120億オーナーのカバン持ちを経てベンチャー起業家に転身。

23歳で学生起業し、わずか3年半で月商1億5千万の会社に成長させるが、6年目に倒産。その後単身でネットビジネス界に参入し、わずか半年、たった一人で5億円を稼ぎ出す。

その資金を元手に260坪、30坪の二つのオフィスを契約。50名の社員を一挙に採用して事業家として復帰。現在ではグループで100名を超える。

協栄ボクシングジムと業務提携し、WBCのボクシングプロデュースに進出。記者会見を開き日本中にその名を轟かせる。さらに、東京ガールズコレクションのメルマガ部門を買収し、女性市場へ参入。

Yozawa Tsubasa Capital Managementを設立し、5億円規模の投資ファンドも組成。

日本トップに君臨するアフィリエイターでもあり起業家。

現在は新しい事業を月1本開発し、精力的に活動している。

日本のテレビ番組「ありえへん∞世界」「有吉ジャパン」「サンデー・ジャポン」「ガチガセ」「カラクリマネー」など出演多数。現在、メディアから最も注目されている若手起業家。

2017年に年商1000億円のグループ企業を作ることが目標。

ブログ http://yozawa-tsubasa.info
個人ホームページ http://yozawa-tsubasa.com
会社ホームページ http://free-agent-style.com

角川フォレスタ

スーパーフリーエージェントスタイル
21世紀《せいき》型《がた》ビジネスの成功条件《せいこうじょうけん》

二〇一二年九月二十五日　初版発行

著　者――与沢《よざわ》　翼《つばさ》
発行者――山下直久
発行所――株式会社　角川学芸出版
〒一〇二-〇〇七一
東京都千代田区富士見二-十三-三
電話（〇三）五二一五-七八三一（編集）
http://www.kadokawagakugei.com/
発売元――株式会社　角川グループパブリッシング
〒一〇二-八一七七
東京都千代田区富士見二-十三-三
電話（〇三）三二三八-八五二一（営業）
http://www.kadokawa.co.jp/
印刷所――シナノ書籍印刷　株式会社
製本所――シナノ書籍印刷　株式会社

落丁・乱丁本はご面倒でも角川グループ受注センター読者係宛にお送りください。送料は小社負担でお取り替えいたします。

ISBN978-4-04-653798-0 C0030

話題の新刊ご案内！

クビをきっかけに「精神的自由」「経済的自由」「時間的自由」を手にした著者が、今すぐ自由を手に入れるための方法を初公開。

『クビでも年収1億円』

著：小玉 歩

四六判　並製
ISBN978-4-04-653797-3

お金の稼ぎ方、時間の使い方、人間関係の作り方、夢のかなえ方など、あなたを輝かせるノウハウが満載の一冊。

テレビなどで超話題！
大学卒業後、7年間サラリーマン生活を送るもクビ！
しかし、そのとき給料以外で年収1億を稼いだ著者の実話。
その方法や考え方がマスコミやネットでも大人気！

本書の内容